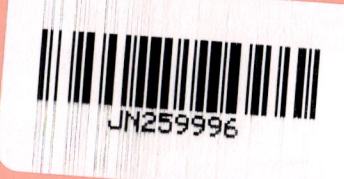

気になる子の保育のための

運動あそび・感覚あそび

その具体的な指導法

徳田克己 監修　西館有沙・澤江幸則 編著

チャイルド本社

はじめに

同じシリーズの前書である『具体的な対応がわかる　気になる子の保育』では、発達障害のある子ども、またその傾向のある子どもに対する保育について、精神論を説くのではなく、具体的な支援方法を多くのイラストを用いて示しました。保育者が自信をもって子どもたちの前に立ち、また保護者を支援できるように、保育者の視点に立って、保育者が現実にできることを提案しました。おかげさまで、本を読んで日々の実践に取り組んだ先生たちから多くの反響がありました。
本書『気になる子の保育のための運動あそび・感覚あそび』も、前書とまったく同じ視点に立って書いた本です。遊びへの導き方や展開、問題の解決方法などを、文字ではなくイラストによって理解できるようにくふうしています。しかも、できる限り具体的に示してありますので、目の前にいる子どもに対して、「今、何をすればいいのか」がはっきりとわかります。

日本の保育は、勉強スタイルをとっている諸外国と異なり、遊びのなかで子どもたちを伸ばしていく方法を重視しています。世界 90 か国ほどを回って調査をしてきた私は、「遊びのなかでさまざまなことを学ばせていく日本の保育がもっとも優れている」ことを確信しています。だからこそ、いかに子どもを遊ばせるかが保育者に求められる知識・技術であり、そこに保育者の実力が現れるのです。

ひとり遊びが多く、集団遊びが苦手な子どもたちをじょうずに導き、楽しませる方法が本書には書いてあります。この本で紹介している方法はすぐに保育現場で使えます。これまでになかった、保育者の日々の保育を支える「画期的な本」であると、自信をもってすすめることができます。

平成 25 年 6 月
監修者　徳田克己

気になる子の保育のための
運動あそび・感覚あそび
― その具体的な指導法 ―

第1章

気になる子は なぜうまく遊べないか

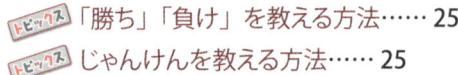

第2章

みんなといっしょに楽しめる
あそびとその指導

運動あそび編

体を使った遊び

ボール遊び

集団遊び

道具を使った遊び

第3章

みんなといっしょに楽しめるあそびとその指導

感覚あそび編

音遊び

泥・砂遊び

水遊び

工作・描画活動

絵本の読み聞かせ

第1章

気になる子はなぜうまく遊べないか

1 発達障害とは何か

「発達障害」というのは、いくつかの障害をまとめて表現するときに使われる言葉です。発達障害のなかには、自閉症やアスペルガー障害、注意欠陥多動性障害（ADHD）などが含まれています。これらの障害は、しつけや養育環境によって生じるわけではなく、脳の一部がうまく機能しないことによって生じます。

発達障害のなかに自閉症やアスペルガー障害などの複数の障害が含まれるのは、これらの障害を明確に線引きすることが難しく、また１人の子どもに複数の障害の特徴が見られることがあるためです。

1 自閉症

自閉症には、対人関係の障害、コミュニケーションの問題、こだわりの強さなどの特徴があります。加えて、触れられることや大きな音を嫌がるなど、感覚が過敏な子どもや、逆に感覚が鈍くて痛みなどにあまり反応しない子どもがいます。

《対人関係の障害》

対人関係の障害とは、人が嫌いで人と関わりたがらないということではありません。周りの人の気持ちを考えたり、気持ちを共有したりすることがうまくできないために、人への関心が高まりにくく、周りの人に配慮した行動がとれないという状態のことです。そのため、友達に関わろうとせず、１

人で過ごす様子が多く見られます。なかには、保育者や他の子どもの手を引っ張って自分の要求を伝えようとしたり、好意をもった相手に抱きついたりする子どもがいます。そのような場合でも相手の状況や気持ちに配慮することはできないので、相手が嫌がっていても、その行動をやめようとしないことがあります。

《コミュニケーションの問題》

　コミュニケーションの問題として、自閉症は知的な遅れを伴うことがあるので、まずは言葉の理解が難しいことが挙げられます。また、言葉が出なかったり、言葉が出ても覚えたフレーズを繰り返しているだけであったりします。さらに、耳から入る情報にあまり関心を示さないので、保育者が声をかけても反応しないことがあります。

《強いこだわり》

　自閉症のある子どもには、強いこだわりが見られることがあります。例えば、自分のお気に入りの場所があっていつもそこで過ごしていたり、同じ遊びをずっと繰り返したりします。このように同じ場所、同じ日課、同じ手順など、「いつも同じ」にこだわります。保育者が活動の予定を変えたり、新しい活動を始めようとすると、パニック（激しく泣いたり暴れたりすること）を起こすことがあります。自閉症のある子どもは、これから起こることについて予測や見通しをもつことが苦手です。そのため、いつもと違うことをするとなると、次に何が起こるかわからず、とても不安になるのです。

2　アスペルガー障害

自閉症と似たような特徴がありますが、知的な遅れは見られません。

《言葉への関心が高い》

自閉症と異なり、アスペルガー障害のある子どもは言葉への関心が高いことが多いです。大人が使う言葉をたくさん覚えていて、大人のような口調で話したり、難しい言葉を使ったりすることがあります。ただし、全ての言葉を理解して使っているわけではありません。

アスペルガー障害のある子どもは、「わかっているはずなのに、保育者の言うことを聞かない」とよく誤解されます。実際には、保育者の言っていることが理解できていないことが多いのです。その理由の１つとして、抽象的な概念を理解できないことが挙げられます。例えば、「きちんと」「しっかり」と声をかけられても、どのようにすればよいかがわかりません。また、保育者の声かけを言葉どおりに受けとめてしまうので、「粘土でおいしいドーナツを作ろう」と言われると、「粘土で作ったドーナツはおいしくないのに」と混乱して、活動に入れなかったりします。さらに、目で見て覚えることは得意でも、耳で聞いた情報は頭に入りにくいために、保育者の言葉を聞きもらしていることがあります。

《人の気持ちや意図を察するのが苦手》

アスペルガー障害があると、人の気持ちや意図を察することが苦手になります。そのため、鉄棒ができないことを気にしている友達に対して、「鉄棒、下手だね」と言って怒らせてしまうことがあります。また、相手が「遊びたくない」という態度をとっても、それに気づかずに関わろうとして、

嫌がられてしまうことがあります。加えて、アスペルガー障害のある子どもも、自閉症のある子どもと同じように先を見通すことが苦手なので、いつもと違う新しい活動を行うとなると、不安が高まって活動に参加できなくなったりします。

3 注意欠陥多動性障害（ADHD）

ADHDには、多動性、衝動性、不注意などの特徴があります。これらのうちの1つが見られる子どももいれば、いくつかの特徴をもつ子どももいます。

《多動性がある》

多動性のある子どもは、目に入った物や人、聞こえた音などへ注意が移りやすく、それをコントロールすることが苦手です。また、感情や行動を抑えることができないために、気になった物があればどのような状況であってもそれに向かっていくことがあります。

《衝動性が強い》

衝動性の強い子どもは、友達に言葉で「やめて」「どいて」と伝える前に、押したり叩いたりしてしまいます。押すことや叩くことがいけない行為であることはわかっています。しかし、その場では考えるより先に体が動いてしまうのです。

《不注意が目立つ》

不注意が目立つ子どもは、1つのことに集中力を保つことができません。そのため、絵を描いていても途中で描く手が止まり、ぼーっとしていたりします。また、忘れ物や失くし物をして、それを探しまわる様子が多く見られます。

2 遊びが子どもの発達に与える影響

子どもは遊びを通じてさまざまなことをできるようになります。遊ぶことによって子どもたちはどのような力を伸ばしていくのでしょうか。

体を思いどおりに動かす力

思い切り走り回ったり、ジャンプをしたり、時には鉄棒やジャングルジムなどの遊具を使うなどして体を動かすことによって、筋肉や骨が成長し、体力がつきます。

また、ビーズをひもに通したり、折り紙を折るといった遊びを通じて、指先をうまく使って細かい作業をする力を身につけることができます。

ものごとを認識する力

赤ちゃんにミニカーを渡しても、最初からそれを車として扱えるわけではありません。最初はミニカーに触ったり握ったり床に落として音を出してみたり、時にはじっと見つめたりなめたりというように、全身の感覚を使ってミニカーに働きかけます。そうした物との関わりのなかで次第にミニカーの名前や性質を知り、タイヤを転がしてミニカーを走らせるというおもちゃ本来の使い方ができるようになっていきます。

このように子どもは身の回りにあるものごとに遊びを通して関わるなかで、物の特徴や扱い方を学んでいきます。

コミュニケーションの力

例えば、他の子どもといっしょにごっこ遊びをするためには、いっしょに遊ぶ仲間に声をかけ、自分の思いを相手に伝え、反対に相手の思いを聞くというように、コミュニケーションをとる必要が出てきます。また、自分の使いたいおもちゃを友達が使っているときには、「貸して」「いいよ」と交渉しなくてはなりません。このやりとりのなかで、子どもは言葉の使い方や相手とよい関係をつくるための方法を学んでいきます。

集団で生活するために必要な力

　ルールのある遊びやゲームをするときには、ルールを共有し、それに従わなくてはなりません。自分の思いが通らないときには我慢したり、ルールを守ったりしないと、ゲームに参加してみんなといっしょに楽しむことはできないということを学びます。また、お店やさんごっこのような、集団で現実の場面を再現して楽しむ遊びでは、買い物の方法を学んだり、店員とお客さんという立場を経験したりします。

　こういった経験を通して、子どもは社会で生活していくためのノウハウを学んでいきます。遊びのなかでの経験を通じて、集団で生活するときに、集団のなかでどのようにふるまえばよいのかを徐々に学んでいくのです。

想像する力

　自分自身が見たり聞いたりして知識を得るほかに、絵本を読んだりテレビを見たりすることで、実際に見たことのない物を知ることができます。こうして得た多くの知識をもとに、目には見えない物や実際には起こっていないことを想像する力が育っていきます。

　また、病院に行ったあとにお医者さんのまねをしてお医者さんごっこをするというように、遊びのなかで自分自身の経験したことを再現することを通じて、病院に行けばお医者さんに診察してもらえるということ、次に起こることの見通しを立てる力が身につきます。

感情をコントロールする力

　子どもは、最初のうちは周りの大人のサポートで情緒が安定し、意欲的に遊ぶことができます。そこから徐々にサポートなしに遊びを進めるようになっていきます。

　１人で遊べるようになると、うまくいかないことがあっても大人に頼らず自分で解決しようとしますが、当然うまくいかないことが出てきます。また、他の子どもとの間で言い合いをすることや、仲間にうまく入れないことを経験するようになります。そのときの悔しさや寂しさ、うまくできなかったときのいらだちなど、さまざまな感情の経験を通して、子どもは自分の感情をコントロールする力を身につけていきます。

3 遊びの発達段階

子どもの年齢などによって、子ども自身の、あるいは子ども同士の遊び方や遊びの内容は異なります。子どもの遊びがどのように発達していくのかを、遊びの内容と、人との関わり方の２つの面から見ていきます。

1 遊びの内容から見た遊びの発達

子どもはその発達に伴って、感覚遊び、運動遊び、機能遊び、象徴遊び、ルール遊びの順にできるようになっていきます。

①感覚遊び、運動遊びの段階

赤ちゃんは手を使ってガラガラを握り、それを目で見て、また手を動かします。ガラガラの色や形、ガラガラを振ったときに手に伝わってくる感覚、ガラガラが出す音を楽しんでいるのです。このように目や耳、皮膚などの感覚器官を使って楽しむ遊びを感覚遊びといいます。乳児期には、触る、見る、聞く、バランスをとるといったさまざまな感覚が発達していきます。子ども自身がこの感覚に気づき、確かめ、楽しむのが感覚遊びです。感覚遊びは、乳児期や幼児期の初めの頃の子どもに多く見られます。

運動遊びは、手足や全身を動かして楽しむ遊びのことです。子どもはジャンプやかけっこをして喜ぶというように、体を思い切り動かすこと自体に楽しさを感じます。運動遊びによって筋肉や骨が成長し、体力がつきます。力いっぱいボールを投げると、遠くまで届くといった経験を重ねることによって、力の調整もできるようになります。遊びのなかでさまざまな動きをすることを通して、体の使い方を学んでいきます。

運動遊びは乳児期から行えるものであり、大人になっても楽しめる遊びの１つです。

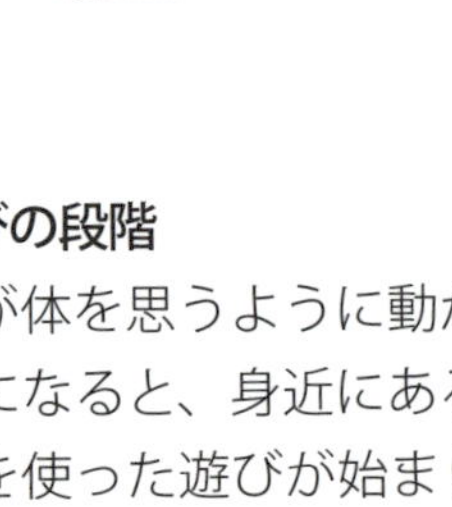

②機能遊びの段階

子どもが体を思うように動かすことができるようになると、身近にある物を手に取り、それを使った遊びが始まります。最初は物に触れ、叩いたり投げたりしますが、次第に物の仕組みや特徴を知り、物本来の役割に合った扱い方をするようになります。

機能遊びは、自分の身の回りで起こっていることに興味をもち始めた子どもが行います。お母さんのまねをして身支度ごっこをしたり、医者になりきって遊んだりして、身近で起こっていることを再現し、子ども自身が見たり経験したりしたことを表現します。この遊びを通して子どもは生活習慣を身につけ、さまざまな役割が人にあることを理解していきます。

③象徴遊びの段階

物を使った機能遊びができるようになると、今度は実物ではなく、その代わりとなる物を使った遊びができるようになります。砂場の砂をケーキに見立ててケーキ作りをしたり、バケツをおふろに見立ててぬいぐるみをお風呂に入れてあげたりというような遊びが象徴遊びにあたります。

象徴遊びをするには、物本来の使い方や特徴を理解すること、別の物に見立てるための想像力を働かせることが必要です。

④ルール遊びの段階

一定のルールのもとで、それに従い何人かの子どもといっしょに遊ぶことをルール遊びといいます。ルール遊びをするには遊びのルールを作り、それを理解して従わなくてはなりません。そのためには自分の思いを相手に伝えたり、相手の言い分を聞き入れるために我慢をしたりというように、友達と協調することが必要になります。

相手の気持ちを想像したり、行動した結果を予測するといったイメージする力に加えて、遊びの仲間に入るために場面に合わせて自分の感情をコントロールする力が身についていないとできない遊びなのです。

2　人との関わり方から見た遊び

人との関わりという視点で乳幼児期の子どもの遊びを見ると、最初は１人で遊ぶところから始まり、傍観《ぼうかん》、並行遊び、連合遊び、協同遊びへと発達していきます。

①１人遊び

他の子どもたちと関わろうとせず、１人で自分のしている遊びに熱中する状態を１人遊びといいます。この時期に大人が関わっても、遊びが発展することはありません。

②傍観《ぼうかん》

そばで遊んでいる子どもを見て、質問したり、遊びに口を出したりはするのですが、遊びには加わらない状態です。

③並行遊び

他の子どものそばで同じ遊びをしているのですが、いっしょに遊んだりそれぞれの遊びに干渉することのない状態を並行遊びといいます。子ども２人が隣り合って同じ「お絵描き」という遊びをしているものの、互いの絵に関心をもったり、互いの絵を話題にして会話したりせず、自分の好きな絵だけを描いているというような状態です。

並行遊びの時期に、大人が「友達といっしょにおうちの絵を描こうよ」などと誘うことによって、並行遊びから連合遊びへと発展していきます。

④連合遊び

他の子どもといっしょに１つの遊びをし、道具の貸し借りが見られる段階です。この段階の子どもたちは、まだルールに従って行動したり、役割を分担して１つの遊びをしたりすることはありません。

いっしょにままごとをしていて、道具を貸し借りすることはあるけれど、ある子どもはごはんを作り、別の子どもはお母さん役として赤ちゃんをあやしているというように、子ども同士の関わりがあるものの、個々に好きな遊びをしている状態です。

⑤協同遊び

子ども同士が協力し合って１つの物を作ったり、一定のルールのもとでいっしょに遊ぶことを協同遊びといいます。連合遊びと異なるのは、子どもそれぞれに役割があること、リーダーとなる子どもがいることです。例えば、ままごとをするときに、リーダー的な立場の子どもが中心となってお母さん、お父さん、子どもや赤ちゃんなどの役割を決め、１つの家族の生活を再現するというように遊びが展開していきます。

このように、子どもの遊びは、１人遊びから協同遊びへと発展していきます。

ただし、協同遊びができる子どもであっても、１人遊びや傍観、並行遊び、連合遊びをすることがあります。１人遊びをしているからといって、必ずしも幼さや遅れがあるというわけではありません。

一方で、例えば周りの子どもたちが協同遊びを楽しんでいるときに、その輪にまったく加わろうとせず、常に１人遊びを続けている場合には、発達の遅れやゆがみが生じている可能性があります。

4 うまく遊べない理由と遊び支援のコツ

1 ボディイメージができていない

イメージできないとどのように困るのか

ボディイメージとは、自分の体がどれくらいの大きさであり、どのように動くかを把握することをいいます。つまり、自分の体を客観的に捉えたイメージです。ボディイメージができていれば、背伸びをした状態で手を伸ばせばどの高さまで手が届くか、ジャンプをしたらどこまで跳ぶことができるか、頭上に障害物があればどの程度かがめばよいのかがわかります。

しかし、発達障害のある子どもは、ボディイメージができていないことが多く、前を向いて歩いているにもかかわらず、人や物によくぶつかってしまいます。自分が取りたい物に手を伸ばすと、その前に置いてあった物に体が触れて倒してしまうということがしばしばあります。これは、注意力が足りなくて起きているのではなく、自分が歩くときに必要とする幅を予測できなかったり、手を伸ばす際に腕がどこを通るのかがわからなかったりするためです。

ボディイメージができていない子どもは、全体的な体の動きがぎこちないことが多いです。そのような場合には体操やダンスが苦手です。見本を示しても、なかなかそのとおりに体を動かすことができません。

また、動いている物を目で追いかけることが苦手です。そのため、ボールを使った遊びに苦手意識をもっている子どもが多くいます。ドッジボールでは、飛んでくるボールを目で追いきれずにすぐに当てられてしまったり、うまくキャッチできません。また、ボールを投げるときはぎこちないフォームになってしまいます。

ボディイメージがない子どもへの支援のコツ

①体の部位を意識した遊びを取り入れる

発達障害のある子どもは、「指先に力を入れなさい」「背筋を伸ばしなさい」などと、体の部位を意識することを言葉だけで促されても、体のどの部分にどう力を入れればよいのかがわからず、戸惑ってしまうことがあります。

そこで、普段の遊びのなかで、保育者が子どもの後ろから体の部位を触って、それがどこであるのかを当てるゲームをしたり、「アブラハムの子」などの手遊び歌のなかで、意識して手や足、体を動かしたりすることによって、体の部位を意識できるようにしてください。

②くぐる、よじ登る、ジャンプするなどの体を使う遊びをする

園庭や公園の遊具などで、体をかがめたり、よじ登ったり、ジャンプしたりする遊びをするように促してみましょう。最初は、発達障害のある子どもは、どこに手や足を置けばよいのかがわからなかったり、よじ登るときにうまく棒や縄を握れなかったりするかもしれません。その場合には、保育者がモデルを示して、子どもにまねをさせたり、「ここに足を置きます」などと具体的な指示をしたりしてください。遊具のなかでも、ジャングルジムは、首や体を曲げてくぐったり、よじ登ったり、またいだりすることができるので、有効です。

このように、体を使った遊びをすることによって、どこまで自分の体が届くのか、どのような動きができるのかを実感していくことができ、ボディイメージにつながっていきます。

2　体の動きに不器用さがある

不器用さがあるとは？

体の使い方が気になる、いわゆる「不器用さ」のある子どもがいます。例えば、同じ年齢の子どもたちと比べると、ブロックを組み立てられなかったり、あやとりでうまく指にひもをかけることができなかったり、クレヨンで絵を描いているときに、力が入りすぎてクレヨンを折ったりします。

またボールを投げようとすると、思っていた方向と全く違う方向に飛んでいったり、体操やダンスで動きがギクシャクしたり、三輪車などの乗り物では、力が入りすぎて進まなかったり、むだに蛇行して倒れたりします。そして何度繰り返し練習しても失敗するばかりです。

そのために遊びが続かず、みんなの遊びのペースについていけなくて、友達にからかわれたり、遊びに誘ってもらえなかったりします。また保育者や保護者から「もっとがんばりなさい」と言われたりします。しかし本人はいたってまじめで、みんなと同じようにできるように一生懸命なのです。

不器用さの理由

不器用さのある子どもたちのなかには、経験不足だけでは説明できず、本人の努力や経験にかかわらず、どうしても運動がうまくできない子どもがいます。そうした子どもの不器用さには、発達性協調運動障害が関係している場合があります。

発達性協調運動障害のある子どもの多くは、体に障害や病気がないにもかかわらず、運動することや学習することに難しさがあります。幼児期ではなかなか理解されにくい障害の１つです。

実際、幼児期では、運動面に苦手な部分があるからといって、それほど困らないし、そのうち解決するだろうと思われがちです。確かに幼児期では問題が現れにくいのですが、自分の体をうまく動かすことができなかったり、みんなが自分の動きをおかしいと思っていることに気づく経験が重なると、小学校以降に、運動することへの自信（運動有能感）が弱まるだけでなく、自分のいいところを知っている、好きだと思える気持ち（自尊心）の育ちに影響することがあります。

幼児期に何をすべきか

では、そうならないために幼児期ですべきことは何でしょうか。

１つは運動嫌いにさせないことです。この先、健康で豊かな生活を送るためには運動は欠かせません。末永く運動とつきあうために、運動が上手に「できる」「できない」にとらわれるのでなく、運動を「やりたい」という経験をもたせることです。そのためには、不器用さがあることを問題と考えるのでなく、その子どもの特性として、それに応じた遊びの工夫を考えていきましょう。

もう１つは、いろいろな運動にチャレンジさせることです。１つの決まった運動に多くの時間をかけることは、この時期の運動発達にとって好ましいことではありません。それに加え、不器用な子どもは、必ずしも全ての運動が苦手というわけではないので、たくさんの運動経験をすることで、好きになれる運動に出会えることがあります。

そして、運動以外のいいところにも目を向けていくことです。例えば､著者が以前に、不器用さはあるが声の大きい子どもに、体操のかけ声係をお願いしたことがあります。これがきっかけで、その子どもは運動の時間にも積極的に参加するようになりました。

3 遊びのルールを理解できない

なぜルールを理解できないのか

発達障害のある子どもは、遊びのルールを理解できず、集団に入れなかったり、周囲からは自分勝手に見える行動をとったりすることがあります。本人はわざとルールを破ろうとしているのではありませんが、周りの子どもたちから「ルールを守らないずるい子」などと非難されてしまいます。

発達障害のある子どもが遊びのルールを理解できない理由としては、まず「ルールそのものを理解するのに時間がかかる」ことが挙げられます。そもそも発達障害のある子どものなかには、言葉による説明を理解することが苦手な子どもが多くいます。保育者の説明そのものがわからないのです。例えば、「おにごっこでは、おににタッチされた人が、次のおにになります」と保育者が言葉で説明しても、“おに”とはどういう意味で、自分はどうすればよいのかが発達障害のある子どもにはわかりません。ぶらんこやすべり台などで遊ぶ際に、「順番に並んでね」と言われても、「順番」という意味を理解できなかったり、どこに並べばよいのかがわからないために、並んでいる友達を抜いてしまったりします。

また、「ルールが複雑であるために、理解できない」ことがあります。同じ動作を単純に繰り返すだけであれば理解できても、そこに「○○の場合は△△をする」というルールが加わると、戸惑ってしまうのです。例えば、ドッジボールでは、発達障害のある子どもは、「ボールに当たらないようにする」ことはわかっても、当たったあとはどうしたらよいのか、また外野に行ったあとにはどこにボールを投げればよいのかがわからないことがあります。

さらに、発達障害のある子どもは、遊んでいる途中で「ルールを忘れてしまう」ことがしばしばあります。「あれをしたあとに、これをして……」などといくつかの順番を覚えて遊ばなくてはならない場合には、覚えていたはずのルールであっても、遊んでいる途中で次に何をすればよいのかがわからなくなってしまうのです。

遊びのルールを教えるコツ

①目で見てわかる手がかりを取り入れる

発達障害のある子どもは、言葉だけで説明されても、ルールを理解できないことがあります。遊びを始める前に、イラストなどの目で見てわかる手がかりを用いて、発達障害のある子どもにルールを説明します。例えば、おにごっこをするときには、おにタッチされた人が次のおにになることをイラストを用いて伝えると、理解できる子どもがいます。

また、発達障害のある子どもが自分自身で状況判断ができる手がかりがあると、遊びやすくなります。例えば、しっぽ取りのゲームは、自分のしっぽが取られたかどうかを目で見て確認できるので、しっぽを取られていなければ逃げてよい、しっぽを取られたら逃げるのをやめなくてはならないなどと判断することができます。また、「しっぽを取られたら、シートに座る」というルールを作れば、シートの場所を確認して座ることができるようになります。もちろん、しっぽ取りをする前に、一連の流れをイラストで示しておく必要があります。

おにごっこのるーる

しっぽとりのるーる

②子どもにわかりやすいように ルールを変更する

イラストで説明したり、次にどうすればよいのかを自分で判断できるような手がかりを用いたりしても、ルールを理解できない子どもがいる場合には、遊びのルールをより簡単にします。

例えば、おにごっこをする際に、１人のおにがクラス全員の子どもを追いかけるというルールが、発達障害のある子どもにわかりにくかったとします。その場合は、クラスを半分に分け、追いかけるおにのチームと逃げるチームにして、逃げるチームが全員つかまったら終わりというルールにします。なお、その際には、おにのチームと逃げるチームは帽子の色を変えて、発達障害のある子どもが自分はどちらのチームであり、何をすればよいのかが目で見てわかるようにしてください。

その他にも、ドッジボールでは、ボールが当たった人は外野に行くのではなく、当たった人は枠から出て、枠の中にメンバーがいなくなったら終了にするというルールにすることもできます。

最初はルールを簡単にして、少しずつそこに手順を加えていきます。徐々にルールを複雑にしていくことで、発達障害のある子どもも無理なくルールを覚えていくことができます。

③子どもができない部分を 保育者がサポートする

保育者が工夫をしてルールを説明しても、発達障害のある子どもはすぐにルールを理解できるわけではありません。ルールを完璧に覚えさせようとしたり、ルールを守れないことを強く叱ったりすると、その子どもは遊びを楽しむことができなくなり、ルールのある遊びに消極的になってしまいます。

まずは、保育者が子どものそばにいるようにして、子どもが苦手な部分をいっしょにやるようにしたり、保育者がモデルを示して、どのように行動すればよいのかを子どもがわかるようにします。子どもが部分的にでも参加できたり、楽しんだりしていることを優先しましょう。

トピックス

「勝ち」「負け」を教える方法

発達障害のある子どものなかには、「勝つとうれしい」「負けると悔しい」という感情が育っていない子どもがいます。このような子どもには、最初はルールが単純で、勝敗の結果が目で見てわかりやすい遊びを取り入れてください。

例えば、ピンを１本にしたボウリングを少人数で行うことによって、「ピンを倒した人が勝ち」というルールにすれば、誰が勝ったのかがわかりやすくなります。

また、その子どもが勝った直後に、「勝ったね！」「やったぁー！」「うれしい！」などの、勝ったことを表わす言葉をかけるとともに、その子どもをほめたり握手をしたりするなどの、子どもがうれしいと感じる行動をしてください。これによって、子どもは「勝つとうれしい」という感情をもてるようになります。

逆に、その子が負けたときには、「負けちゃったね」「残念だったね」などの言葉をかけて、「勝たなかった＝負け」がわかるようにします。そして、何度も繰り返してその遊びを行い、「勝つときもあれば負けるときもある」ことを伝えてください。

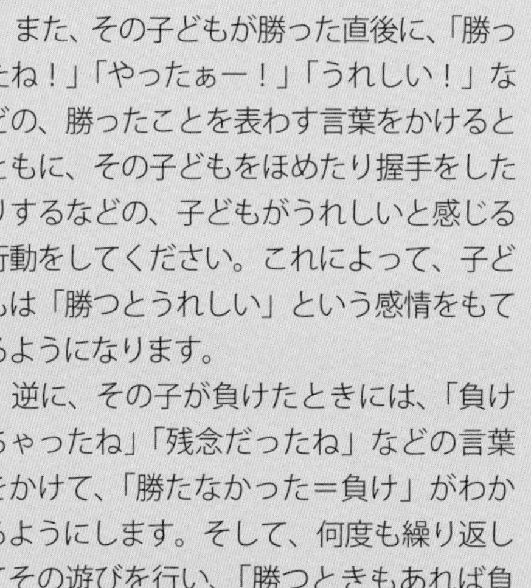

じゃんけんを教える方法

発達障害がなくても、３～４歳の子どものなかには、じゃんけんの勝敗を理解することのできない子どもが多くいます。一般的に５歳になると、ようやく８割程度の子どもが理解できると言われています。

知的に遅れが見られる子どもは、なかなかじゃんけんを理解することができません。保育者はあせらず、保育のなかでじゃんけんを取り入れつつ、根気強く教えてください。

まずは、手遊び歌などを使いながら、グー、チョキ、パーの手の形を覚えさせていきます。保育者や周りの子どもの手の形をまねできるように促してください。

その後、イラストを用いながら、「グーは石」「チョキははさみ」「パーは紙」を表わしていることを何度も伝えます。イラストを見せながら、「石ははさみで切れないね。石が勝ちです。石は何かな？　グーだね」などと言葉で言いながら、どちらが勝ったかを尋ねていきます。どの手の形が何に勝つのかをゲームにして、何度も繰り返してください。その後、保育者が先に手の形を出しておき、それに勝つ形は何かを答えさせるようにします。自分で手の形を作れない子どもは、絵カードを使って手の形を出すようにしてもよいでしょう。

topics

4　感覚の鋭いところや鈍いところがある

感覚にこだわりがあるとどのようなことに困るか

自閉症やアスペルガー障害のある子どものなかには、聴覚や触覚、味覚、嗅覚といった感覚に強いこだわりがある子どもが少なくありません。例えば、たいこやピストルなどの特定の音をひどく嫌がる一方で、同じ歌を飽きずに１日中聞いているという子どもがいます。自閉症やアスペルガー障害のある子どもに、感覚過敏および感覚鈍麻があることがその背景にあります。

障害のない子どもにとっては何でもない刺激（例えば、犬の鳴き声やエアタオルの音を聞くこと）が、自閉症やアスペルガー障害のある子どもにとってはひどく不快に感じられてしまいます。反対に、一般の人が嫌がる刺激（例えば、黒板やガラスをひっかく音を聞いたり、回転椅子に座ってぐるぐると回り続けたりすること）はまったく平気だったりします。プールに入る際のシャワーが皮膚に当たることやおにごっこの際に友達にタッチされることが痛かったり、楽器遊びの音が不快に感じられたりするため、遊びに参加できないことがあります。

また、苦手な刺激の不快感が強くなりすぎると、パニックになってしまう子どもがいます。パニックになってしまうときは、子どもに強い不安と緊張状態が続いていたことを表わしているため、できるだけパニックを起こさないように環境を整えることが必要になります。加えて、一度パニックになると、それが起こった場面やそのときに行っていた活動の全てが悪い記憶になり、次に同じ場面になったり、その行動をしなくてはならないときに、強く拒否するようになる子どももいます。

感覚にこだわりがある子どもへの支援のコツ

①不快な刺激を取り除く

自閉症やアスペルガー障害のある子どもが、特定の音や光、匂いなどの刺激に対して嫌がるそぶりを見せたら、保育に支障のない範囲で、できる限りその刺激を取り除いてください。

例えば、ある音楽がかかったときに子どもが嫌がっていれば、その音楽がかかっている間だけ別の部屋に移動させたり、ボリュームを小さくしたり、イヤーマフ（耳当て）や耳栓を使用したりして、子どもが音を聞かなくてもすむような配慮が必要です。

また、その子どもがどのような刺激を苦手としているのかについて、事前に保護者から情報を得ておいたり、これまでに子どもがどのような刺激を嫌がったかについて記録して対策を立てておくと、子どもは不快を感じることなく、遊ぶことができます。

②スモールステップで刺激に慣れさせる

嫌な刺激に対しても、スモールステップで進めれば、慣れることができる子どもがいます。例えば、苦手な音楽がかかっているときに、最初は部屋の外からわずかに聞こえるぐらいのボリュームで聞き、子どもが慣れてきたら、次は部屋のドアを開けて聞くようにします。それができるようになったら、少しずつ部屋の中に入っていき、我慢できるように促していきます。この際に、「これぐらい大丈夫だろう」と急激に変化させると、子どもは恐怖を感じてしまい、より不快感を強めてしまうことになります。じっくりとていねいに慣れさせていくことが大切です。

また、子どもには「今から○○の音楽をかけます」などと予告しておくと、心づもりができるため、子どもにとっては嫌な刺激でも我慢できるようになります。

5　考える前に行動してしまう

頭で考える前に体が動いてしまうとどのように困るのか

ADHDのある子どものなかには、衝動性が強い子どもがいます。そのような特性のある子どもは、頭で考える前に体が動いてしまいます。例えば、保育者が遊び方のルールを説明し終えていないにもかかわらず、活動を始めてしまったり、目の前に置かれた物を触ってしまったりします。説明をきちんと聞いていないために、ルールを守れなかったり、みんなとは違うことをしてしまうことになります。

また、周りの状況を判断する力が弱いため、みんなが並んでいるにもかかわらず、順番を抜かして先にやろうとしてしまうことがあります。加えて、保育者が話をしている最中にまったく関係のないことを思い出して、行動に移してしまうことがあります。障害のない子どもであれば、関係のないことを思い出しても、「今、この場でそのことをしたら先生に注意される」「やってはいけないことだ」という判断ができますが、ADHDのある子どもにはそれができません。そのため、周囲からは、「自分勝手な子」「わがままな子」と受け取られてしまい、しばしばトラブルが生じます。

さらに、楽しい活動や新しい活動をする際には、興奮しやすく、はしゃぎすぎてしまうことがあります。このような活動は、周りの子どもたちも最初は興奮しますが、次第に落ち着きを取り戻します。しかし、その子どもだけは一向に落ち着きを取り戻せず、走り回ったり高い所から飛び降りたりするなど、危険な行動をしてしまいます。

このような特性のある子どもたちは、遊びに限らず、全ての活動において、保育者の話を聞いていなかったり、ルールを守れなかったりするため、保育者や周りの友達から叱責されることが多くなります。周囲から非難され続けた子どもたちは、自信を失い、積極的に行動しなくなってしまうという二次障害を引き起こすことが多々あります。

考える前に行動してしまう子どもへの支援のコツ

①事前にルールを決め、守れたらほめる

遊びを始める前に、何に気をつけなくてはならないのかを子どもに伝えておき、それが少しでもできたら、ほめるようにしてください。

例えば、保育者が絵本の読み聞かせをしている最中に立ち歩いてしまう子どもには、本を読む前に、「先生が絵本を読んでいるときは、椅子に座って聞けるよね」などと確認しておきます。その子どもが少しの時間でも椅子に座っていられたら、「上手に先生の話を聞けているね」などとほめます。最初は、数秒しか座っていられないかもしれませんが、ほめていきながら、座っていられる時間を徐々に延ばしてください。

また、ルールを壁に貼っておいたり、保育者が○や×の描かれた絵カードを持っていて、子どもが少しでもできたら○のカードを、守れなかったら×のカードを見せるようにすることも効果的です。言葉で説明するよりも、視覚的な手がかりがあった方が、良いこと、悪いことの区別をつけやすい子どもが多いからです。

②行動を起こさない環境を作る

保育者が説明している途中で、子どもが机の上の物を触り始めてしまうなど、衝動的に行動してしまう場合には、説明が終わるまで机の上に物を置かないようにするといった、子どもが行動を起こさなくてよい環境を作ってください。子どもが興奮して、高い所に登って飛び降りるといった危険な行動をしてしまう場合には、足場になる物を取り除いて、子どもが高い所に登れないようにします。

また、落ち着いて行動する友達とグループを組むようにして、子どもが興奮しすぎないような環境を作ると、その子どもも気分が高揚しすぎることなく、遊びを楽しむことができる場合が多くあります。

6 途中で集中力が途切れてしまう

集中力の途切れには2つのケースがある

途中で集中力が途切れてしまう背景には、2つのことが考えられます。

まず1つは、子どもにADHD不注意型という特徴がある場合です。このような子どもは、集中力を持続させたり、作業していることから別のことに注意を向け直したりすることが苦手です。集中力が途切れてしまうと、遊んでいる途中でも、保育者が遊びの説明をしている最中でも、ぼーっとして、今は何をしている時間であるのか、次に何をすればよいのかがわからなくなってしまうのです。子どもによっては、どのような活動でも集中する時間が短く、すぐに飽きてしまったように見えるケースもあれば、好きな活動には何時間でも集中するにもかかわらず、それ以外の活動では2、3分と集中力がもたないケースもあります。

もう1つは、子どもが保育者の説明や活動そのものを理解できない場合です。例えば、保育者が絵本を読んでも、すぐに絵本を見ようとしなくなる子どもがいます。これは、絵本に描かれている内容をその子どもが理解できていないことが考えられます。よく、子どもに絵本を選ばせれば、興味をもって絵本に集中できるかもしれないと保育者は考えますが、このタイプの子どもはそういうわけにはいきません。子どもが自分がどの程度の絵本ならば理解できるかを知っているはずがありません。結局は、読んでもらっても内容のわからない絵本を聞くことになり、すぐに飽きてしまうのです。

また、保育者が言葉だけでルールの説明をしていた場合に、発達障害のある子どもは、説明そのものがわからずに、ぼーっとしています。さらに、遊びが始まっても、ルールがわからず、その遊びに参加できないために、遊びそのものが退屈になって、すぐに集中力が切れた状態になってしまいます。

遊びの途中で集中力が途切れてしまう子どもへの支援のコツ

①声をかけて注意力を戻す

ADHD 不注意型のある子どもは、本人に悪気がなくても、活動の途中で、集中力が途切れてしまいがちです。そこで、注意力がそがれそうになっている場合には、保育者が子どもに声をかけて、活動に戻してあげてください。「集中しなさい」「気持ちをそらしてはいけません」などといくら叱っても、その子どもにとっては無意味です。

また、このタイプの子どもたちは、活動の途中に何らかの刺激があったり、ふと何かを思い出したりすると、そちらに注意が向いてしまいやすいです。できる限り注意がそがれるものを周りに置かない、座席を保育者の近くにするなどの環境にも配慮してください。

なお、注意がそがれても、今、何をするときなのか、次に何をすればよいかなどを思い出せるように、活動の流れを明確にしておくことも有効です。例えば、黒板に絵カードを貼ったり、活動の手順を書いておいたりする方法がよいでしょう。

②1つの活動の時間を短くする

集中して活動できる時間が短い子どもは、訓練をしたら集中できるようになるというわけではありません。1つの活動の時間を短くすれば、遊びの途中で集中力がそがれることが少なくなり、結果的に保育者から指摘されることもなくなります。一斉に保育する場合に、全体での活動の時間を変更することが難しければ、発達障害のある子どもには、「何回やったら休憩する」などのルールを決め、その子どもの活動の時間を短くするとよいでしょう。

また、保育者が説明をする時間をできるだけ短くしてください。保育者がはっきり、短く話せば、やるべきことが明確になって、発達障害のある子どもにもわかりやすくなります。

③子どもの理解力に応じた活動や手がかりを取り入れる

保育者の説明や活動の内容を子どもがわかるようにする必要があります。まず、保育者が説明する際には、言葉だけではなく、絵カードや文字で示したものを提示するというように、子どもが目で見てわかる手がかりを用いてください。

また、活動そのものを発達障害のある子どもが理解できるような簡単なルールにしてみてください。例えば、絵本を読む際には、1冊は簡単な内容の絵本にします。その絵本は、音やフレーズの繰り返しがあって、子どもたちがみんなで声を出しながら見ることができると、絵本の内容をあまり理解できない子どもも、周りの子どもたちといっしょに楽しんで参加することができます。

トピックス

子どもの注意がそがれない環境を作るためには

発達障害のある子どものなかには、何かが見えたり、何かの音が聞こえてきたりすると、その刺激に気をとられてしまい、注意がそがれやすくなってしまう子どもが多くいます。このような子どもたちには、できるだけ余分な刺激を与えない環境を作ってあげることが必要になります。

まず、保育室では、窓やロッカーには無地のカーテンをして、外やロッカーの中が見えないようにしてください。また、保育者が絵本を読んだり、遊びの説明をしたりするときには、できるだけ何も貼られていない壁を背にするようにします。

外で遊ぶ際にも、活動で使わない道具（ボールやスコップ、バケツなど）を片づけておきます。片づけられている道具も、棚にカーテンをしたり、中が見えない箱に入れるなどの配慮をしてください。

topics

第2章

みんなといっしょに楽しめる
あそびとその指導
運動あそび編

体を使った遊び

動きのまねっこ遊び

体操やダンスなどの遊びの場面で、保育者の動きをまねすることがあります。５歳児クラスの自閉症のあるＡくんは、保育者がお手本として見せる動きをまねするのが苦手です。どのように対応したらよいですか。

対応を考えるときのヒント

- [x] ボディイメージができていない
- [ ] 体の動きに不器用さがある
- [ ] 遊びのルールを理解できない
- [ ] 感覚の鋭いところや鈍いところがある
- [ ] 考える前に行動してしまう
- [ ] 途中で集中力が途切れてしまう
- [x] その他（動きの意味を理解して模倣するのが苦手）

※「その他」を除く６項目は、第１章の「うまく遊べない理由」（p18～31）の６項目に対応しています。

自閉症児の多くは、そもそも模倣を苦手としています。特に、「大きく」や「高く」「強く」といったイメージを必要とする動きが上手にできなかったり、ポーズなどの姿勢をまねすることはできても動きを伴う模倣になるとぎこちなくなったり、また、平面的な動きのまねはできても奥行きのある動きが苦手だったりします。

試してみよう 1 指示の言葉を具体的にする

周りにあるものを目印にして指示してみよう

子どものなかには「手を上に」や「手を横に」だけでは、しっかりした指示にならない場合があるので、具体的なものを目印にして、動きを引き出すことを試みます。

●例えば、「手を天井に！」

●例えば、「手を壁に向かって伸ばせ！」

●言葉の理解が難しい子どもには、タッチをすることを目印にして「手を上に！」

試してみよう ❷ 指示する動きをわかりやすくする

連続する動きは区切ってみる

柔軟体操のときにストレッチを教えるような機会が増えています。難しい動きのときは、動きを一つひとつ区切ってみるとうまくいく場合があります。

●例えば、腕のストレッチ運動のとき

奥行きのあるような動きのときには横向きにしてみる

奥行きの理解ができないため、正しい動きができない場合があります。そのときには、その奥行きをわかりやすくするために、横を向いて示します。

●例えば、アキレス腱伸ばしのとき

終わりをわかりやすくする

見通しが立ちにくいために、動きに集中できない子どもがいる場合、終わりがわかるように、カウントを逆唱してみましょう。

●例えば、ストレッチのとき

トピックス

道具を使ってまねっこしよう

〈パットやマットを使う〉

子どものなかには、自分の立つ場所がわかりにくい子ども、友達との距離がわかりにくい子どもがいますので、次のような対応をします。

★手を広げ、友達と手をつないで横に広げさせてみる

それでもフラフラしてしまう子どもには、マークを置いて場所をわかりやすくしてみます。

★例えばマークパットやウレタン製のマットなど、子どもの特性に合わせて道具を置いてみる

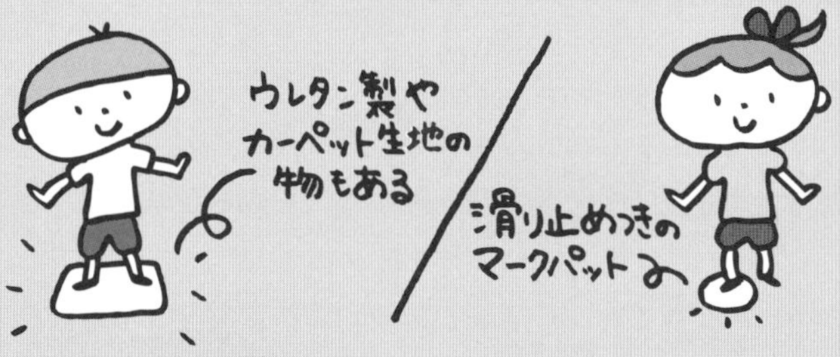

〈リボンやリストバンドを使う〉

保育者の指示した側の手や足を出すことが難しい子どもがいます。どっちの手や足を上げればいいかわかりにくい場合は、リボンやリストバンドを使ってみます。

★例えばアブラハム体操のとき

topics

ダンスで動きの表現を楽しむ

ダンスの時間、４歳児クラスの知的障害があるＢちゃんは、みんなの動きのなかに入ってこられません。Ｂちゃんから表現としていろいろな動きを引き出したいのですが、どのような工夫をすればよいですか。

対応を考えるときのヒント

- [x] ボディイメージができていない
- [x] 体の動きに不器用さがある
- [x] 遊びのルールを理解できない
- [ ] 感覚の鋭いところや鈍いところがある
- [ ] 考える前に行動してしまう
- [ ] 途中で集中力が途切れてしまう
- [ ] その他

※「その他」を除く６項目は、第１章の「うまく遊べない理由」（p18 ～ 31）の６項目に対応しています。

この時期の子どものダンスで見られる動きには、きまりはありません。保育者がそれぞれの子どもの表現を見逃さないで、それを取り上げ、まねたり、ほめたりしてみましょう。動くことに躊躇《ちゅうちょ》している子どもが、動くことを楽しめるようになることが目標です。

試してみよう ❶ 動きを引き出しやすいグッズを使ってみる

空中に舞う布を使って楽しんでみよう

ひらひらするハンカチ、スカーフ、風呂敷など、空中に舞う布を使って、動くことを楽しみましょう。

●空中に放り投げたりキャッチしたりしてみよう

また、キャッチは手だけではなく、手と背中、足と足、頭と手などいろいろなところで試してみましょう。

●例えば、足でスカーフを蹴って頭でキャッチ

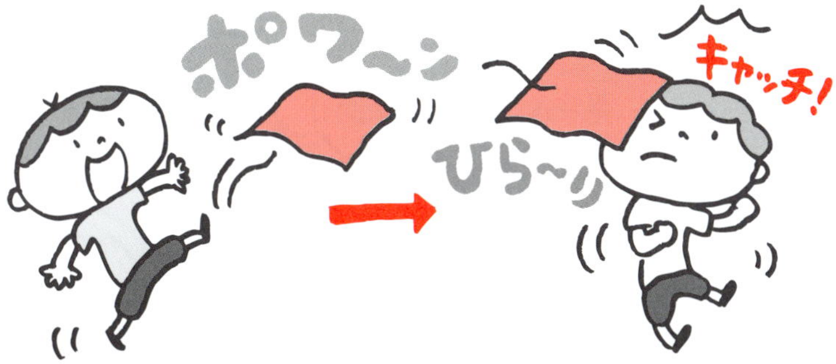

布を持つだけでなく、子どもが興味を示すように頭や肩に乗せてみたり、友達といっしょに持ったりしてみましょう。

試してみよう ❷ 音や音楽で動きを引き出そう

子どもに合わせた音や音楽を使ってみよう

さまざまなジャンルのCD、動物の鳴き声や保育者のピアノ演奏などを使ってみます。子どものなかには音を苦手とする子がいますので、音楽の種類や大きさも子どもに合わせていきましょう。

もし、動きを楽しめていない子どもがいたら、子どものしていることを取り上げながら、「〇〇のようだね」などと声をかけ、動きに意味づけをしてみることで、その気になれる子も少なくありません。

音楽のなかで動くことが楽しめるようになったら、音楽が鳴ったら始める、音楽が止まったら終わるというルールを繰り返してみましょう。課題の理解もできていくと同時に、そのなかでいろいろな動きが現れることがあります。

トピックス

動きを楽しむその他の方法

〈始まりのポーズを決める〉

最初のポーズを決めておくと、動きやすくなるようです。その際に、始める場所を決めておくのもよいです。

★手と手を重ねてダンスを始める

〈表現遊びにつなげる〉

もし、遊んでいるときに１つの動きをずっとしていたり、スカーフで身を隠している子どもがいたら、それを取り上げて言葉にし、表現遊びの１つにしてみましょう。

★例えば、何かに見立ててみる

〈最後だけでも参加できる状況を用意する〉

ダンスに入れず、子どもが外からのぞいていたら、最後の部分だけでも参加させてみましょう。それがきっかけになって、次の機会に参加しやすくなります。

★例えば、片づけだけ参加してみる

topics

リレーのルールを覚える

チーム対抗リレーで、せっかく１番にバトンをもらったのに、２番手の別のチームの友達が来るまで待ってしまう５歳児クラスの自閉症のあるCくん。どうしたらルールを理解できるでしょうか。

対応を考えるときのヒント

- □ ボディイメージができていない
- □ 体の動きに不器用さがある
- ✔ 遊びのルールを理解できない
- □ 感覚の鋭いところや鈍いところがある
- □ 考える前に行動してしまう
- □ 途中で集中力が途切れてしまう
- □ その他

※「その他」を除く６項目は、第１章の「うまく遊べない理由」（p18〜31）の６項目に対応しています。

自閉症のある子どもたちにとって、チームの友達を認識したり、競走する意味を理解したりすることが難しいことがあります。

また、「走る＝徒競走（友達と一斉に走り出す）」のイメージが強く、それにこだわって、リレーでも友達を待ってしまうことがあるようです。

試してみよう ❶ ステップを分けてルールを理解する

様子を見ながら少しずつ進めよう

「競走する」というルールや、「自分のチーム」「相手のチーム」といった関係性を理解するために、その子の様子を見ながら、少しずつリレーの形につなげましょう。

● 1チームでバトンをつなぎ、 バトンを持ったら走る！ を覚えよう

持ったら走れ〜！
はい
まずは
ここから
直線コース 短い距離
からでも OK!

● 保育者とチームで競走してみよう

保育者が競走相手になって子どもの前を走り、保育者を追い越す経験をさせましょう。

まって〜！
先生を
追い越せ
スタスタ
ハァハァ

● 2チームに分かれて競走してみよう

リレーの完成形に近づけてみましょう。

がんばれ〜
その他…
子どもに合わせていろいろな
ステップを用意して
あげましょう。

● どうしてもルール理解が難しければ、リレーの1番手にしてみよう

よ〜いドン

試してみよう ❷ 自分のチームをわかりやすくする

相手と見方を区別しやすい工夫

●いつも同じチームで活動してみよう

きょうは○○チーム、その次は「お休みがあったから△△チームね」ということでは､チームの友達を意識することが難しい場合があります。子どもによっては、集団が変わると全く別の活動のように感じてしまう子どもがいます。

●色や形でチーム分けをしてみよう

ゼッケンや帽子、バトンの色をチームで統一して、チームをわかりやすくします。

●キャラクターなどもヒントにしてみよう

トピックス

リレーを楽しめる工夫を考えよう

〈友達とペアになって走ってみよう！〉

待つ以前に、友達を意識することが難しい自閉症のある子どもがいます。

その場合は、友達といっしょに走る状況を意図的に設定してみましょう。

★手をつないだりフラフープを持ったりして走る

★布や段ボールなどに入って走る

わーい!!
筒状の布を
まん中でぬうと…
1人ずつ入れる
穴の完成
段ボール箱の
上下を切っても
OK!
みかん

topics

みんなと楽しむリレー遊び

４歳児クラスの ADHD のあるＤくんは、バトンを持ったらまったく違う方向に走り出し、保育者やみんなが追いかけてくるのを楽しんでしまうので、どんどんみんなの気持ちが離れてしまいます。どうしたらみんなとリレーを楽しめるようになるでしょうか。

対応を考えるときのヒント

- □ ボディイメージができていない
- □ 体の動きに不器用さがある
- ✔ 遊びのルールを理解できない
- □ 感覚の鋭いところや鈍いところがある
- ✔ 考える前に行動してしまう
- ✔ 途中で集中力が途切れてしまう
- □ その他

※「その他」を除く６項目は、第１章の「うまく遊べない理由」（p18 ～ 31）の６項目に対応しています。

ADHD のある子どもたちにとって、リレーのように人や物の情報が多い運動場面では、一定時間運動に集中することや既存のルールに従うこと、気持ちをコントロールすることなどが難しいことがあります。

そうした特徴をふまえたうえで、運動することに自信をもたせていきましょう。

試してみよう ❶ 集中できる環境を作ろう

やることがわかりやすい環境を整えよう

　リレーというのは騒々しい活動ですが、そのなかで、リレーに集中しやすい環境を作りましょう。

●テープやロープ、コーンなどで走るコースを仕切ってわかりやすくする

●走る方向に沿って、地面に石灰などを使って目印を！

こっちに走るんだな
飛び石みたいで楽しそう

●もし間違った方向に走ったら、“騒がず静かに”コースに戻るように促す
　保育者に追いかけられることも、興奮しやすくなる原因になります。

はいはい あっちだよ～
あれほどいったのに～
プンプン

試してみよう ❷ リレーのやり方を変えてみよう

バトンをもらうときの体の向きに走れるように

通常のリレーでは、バトンを持った友達が自分の後ろ側から走ってきます。バトンをもらう際には後ろを見るので、そのままそちらの方向へ走ってしまうのかもしれません。「後ろを向いてバトンをもらい、前を向いて走り出す」というルールそのものを変えてみます。

●例えば、バトンをもらう方向を「前から」などにしてみる

バトンをもらう方向と、走る方向がいっしょだと、わかりやすい！

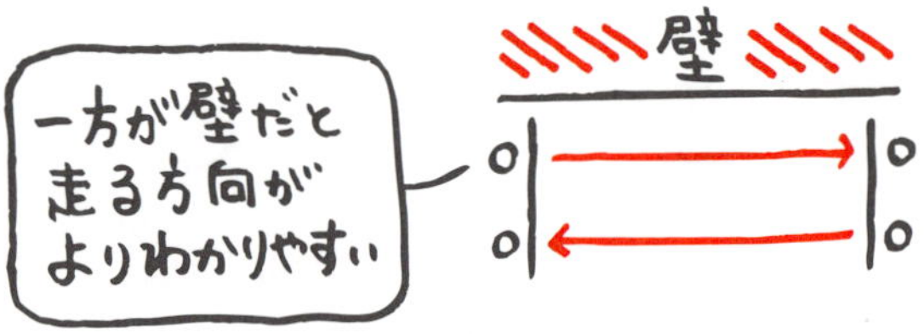

●バトンの受け渡し場所を、次の走者の少し前に設定する

走る方向を向いたままバトンをもらえるように、次に走る人の少し前に置いたかごにバトンを入れます。

トピックス

ほめて自信をもたせよう

〈自信をもって走れるように！〉

ADHD のある子どもの多くは、怒られることが多いため自信をなくしてしまうことが心配です。怒られないですむような工夫もあってもいいかもしれません。

★順番を待つことが難しかったりする場合は、第一走者など早い順番に走る

★しばらくは、走る方向をさりげなく示しておく

指示されたことを忘れてしまうことが多かったりします。そのため、「そっちは違う !!」といつも言われるので嫌になってしまいます。しばらくは、バトンをとる前後にそれとなく方向を示してあげましょう。

★うまく走れたら、その場で具体的にほめよう！

小さな成功が自信に、そして「もっと運動したい！」の力になります。

なかには、大げさにほめられると逆に感情を崩しやすくなる子もいます。その際は、個別にほめてみるのもいいでしょう。

topics

ボール遊び

玉入れ遊びにチャレンジ

４歳児クラスの発達性協調運動障害のあるＥちゃんは、園庭に置かれた玉入れ用のかご（高さ 1m 程度）に、うまくボールを入れることができなくて、ぐずぐずしてしまいます。チャレンジする意欲は高いので、ぜひボール入れ遊びを楽しめる方法を教えてほしいです。

対応を考えるときのヒント

- ☐ ボディイメージができていない
- ✔ 体の動きに不器用さがある
- ☐ 遊びのルールを理解できない
- ☐ 感覚の鋭いところや鈍いところがある
- ☐ 考える前に行動してしまう
- ☐ 途中で集中力が途切れてしまう
- ☐ その他

※「その他」を除く６項目は、第１章の「うまく遊べない理由」（p18～31）の６項目に対応しています。

不器用さがある子どもには、
①ボールを投げる動き（形）がぎこちない
②ボールを投げる力の加減ができない
③ボールを上方向へ投げ上げることが苦手
④ボールの方向が定まらない
などの特徴があります。

試してみよう ❶ 投げ入れる的を工夫する

近い距離から始める

いくらボールを投げてもかごに入らないと、「できない」感覚が強くなってしまいます。的を工夫して「入った！」という感覚を引き出してみましょう。

- 例えば、「アイスクリームを作ろう！」
  コーンを逆さまにして、その上にボールを載せる

- 少しずつ距離を離して、投げ入れるようにする（保育者がキャッチする）

- 数を数えて、「２個できた！」「３個できた！」と増やす

- コーンを持つ位置を少し高くしてみる

試してみよう ❷ ボールを投げる動きを確認する

ボールを投げるために必要な動きを確認してみよう

ボールを投げる動きは意外と複雑です。前方へ正確にボールを投げるために必要な動きを、一つひとつ確認してみましょう。

●例えば、ボールを前へ投げるには、肘が上がらなければならない
そのときに「肘を上げる」で難しい場合は、「ボールを頭に！」と言ってみる

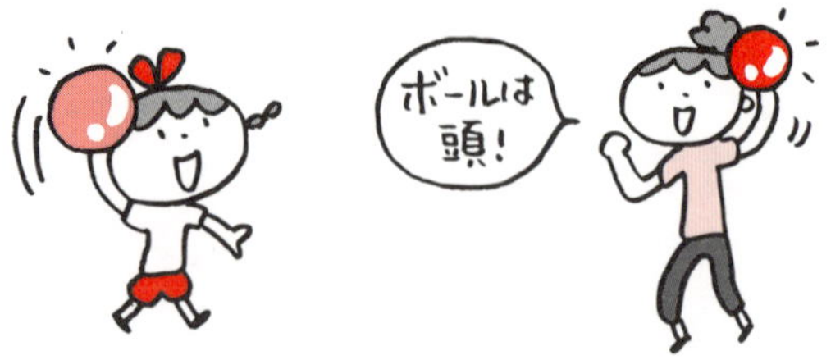

●また、ボールを上に投げ上げる動きには、
「お空に投げよう！」と言ったり、手や的を目印にしたりしてみる

●投げるときにピョンピョン跳んでしまう子どもには、
「しゃがんで〜……ジャンプ！」や「リボンの足を前に」など、タイミングを示す

トピックス

ボールをうまく入れるための工夫

〈投げる位置を決める〉

どこから投げれば入りやすいかを保育者が見極められる場合は、その子どもが投げる場所を作ってみることもいいでしょう。

〈ボールがはね返ってかごに入るようにする〉

ボールを投げる力の加減ができず強く投げてしまう子どもや、ボールの方向性が定まらない子どもがいます。バスケットボールの要領で、ボードに当たったボールがはね返ってかごに入るようにすることもできます。

★ボールの絵を描いたボードを立ててみる

★かごを壁ぎわに移動して、壁にボールの絵を描いたり貼ったりしてみる

ミニバスケットボールとコーンで始めてみると、3歳児でもできました。「1つ！」「2つ！」と進めて、「次は？」と聞くと「3つ！」と元気に返事が返ってきます。少しずつ高さをつけてボールを投げ上げるようにすると、小学生でバスケットゴールまでボールが届くようになります。バスケットゴールのボードもよい目印になります。

topics

ボール遊び

ボウリング遊びを楽しむ

４歳児クラスの知的障害がある自閉症のＦくんは、ピンを立てるとピンのそばにきて、すぐに手で倒してしまいます。ボウリングの楽しみを得るための方法はありませんか。

えいっ！
ガラガラ

対応を考えるときのヒント

- □ ボディイメージができていない
- □ 体の動きに不器用さがある
- ☑ 遊びのルールを理解できない
- □ 感覚の鋭いところや鈍いところがある
- □ 考える前に行動してしまう
- □ 途中で集中力が途切れてしまう
- □ その他

※「その他」を除く６項目は、第１章の「うまく遊べない理由」（p18～31）の６項目に対応しています。

きょうはボウリングです
ボールを転がして
何本ピンが倒れるか
やってみよう

自閉症のある子どもは、言葉でルールを理解することが苦手だったり、複雑なルールを一度に理解したりすることが苦手です。理解ができないと、何をすべきかがわからなかったり、ルールに対応できなかったりします。

試してみよう ❶ ルールを理解できるように示す

絵や写真でルールを示してみよう

言葉でルールが理解できない子どもには、ボールを転がしてピンを倒すまでの流れを３段階くらいに分け、絵や写真と文字を用いて示します。

●例えば、流れがわかるように紙に示す

1. ボールをもちます
2. ボールをころがします
3. ピンがたおれます
ボールを持ちます

手でピンを倒しに行こうとしたら、何度も紙を見せてルールを示します。

●自閉症のある子どもだけへの対応が難しいときは、
ホワイトボードなどに流れを図示することで、他の友達にもわかるようにできる

ぼうりんぐ
1. ボールをもちます
2. ボールをころがします
3. ピンがたおれます

試してみよう ②

ターゲットに集中できる工夫を

始める前に倒さないようにピンを隠しておく

　ピンが見えていることで、倒しに行ってしまうこともあります。気になる物を隠すことで、１つの行動に集中できます。

●例えば、段ボールなどで囲いを作り、ボールを投げる直前に囲いを取り外す

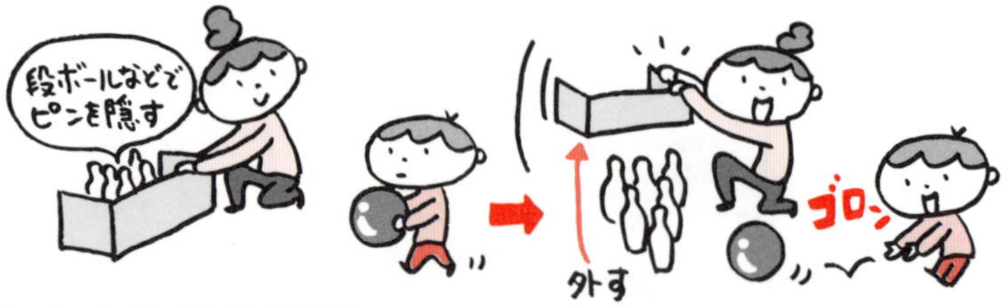

ピンを１本だけ見せる

　ガラガラとピンが倒れる様子が楽しくて、たくさんのピンがあると倒したくなってしまう場合は、次のような試みをしてみましょう。

●例えば、ピンを１本だけ置いて、そのピンだけに集中できるようにしてみる

ピンに興味がわく工夫をする

　「ピンを倒す」という説明がわかりにくいことがあります。その場合は、ピンに代わる的を子どもが興味を引くように工夫しましょう。

●例えば「パタパタ……」とたくさん倒れる的を作ってみる

●ピンに動物の絵を付けてみる

トピックス

目に見えるルールを作る

〈ピンに近寄らない環境を作ってみる〉

自閉症のある子どもは、理解ができればルールにこだわります。そのこだわりを活用して、目に見えるルールを作ってみることもできます。

★例えば、新聞やテープでレーンを作って、「レーンの中には入りません」と示す

★転がす場所の目印を作ってみる

〈われ先に！ と投げ急いでしまう場合、投げるタイミングを決める〉

★例えば、「投げるまで、3、2、1、よいしょ！」

〈ピンの数を記録してみる〉

倒したピンの数を目に見える方法で示すことで、できたことを実感し、モチベーションが上がります。

★例えば、シールを貼ったり、ペンで○を付けたりする

topics

ボール遊び

ボールを上手にキャッチする

５歳児クラスの知的障害があるＧくんは、飛んできたボールをうまくキャッチすることができず失敗ばかりするため、最近ではボール遊びが嫌いになってしまったようです。ボール遊びの楽しさを実感できるようになるためにも、ボールのキャッチができるようになってほしいです。

対応を考えるときのヒント

- ☐ ボディイメージができていない
- ✔ 体の動きに不器用さがある
- ☐ 遊びのルールを理解できない
- ☐ 感覚の鋭いところや鈍いところがある
- ☐ 考える前に行動してしまう
- ☐ 途中で集中力が途切れてしまう
- ☐ その他

※「その他」を除く６項目は、第１章の「うまく遊べない理由」（p18～31）の６項目に対応しています。

ボールをうまくキャッチするためには、体全体で抱え込むようにすることが大切です。ところが、運動を苦手としている子どもは、恐怖心から目を閉じてしまったり、飛んでくるボールに向かって両手を伸ばしたりすることが見受けられます。まずは、キャッチしやすい体の動きが身につくように促してみましょう。

試してみよう

できるところから少しずつ

キャッチしやすい物を使う

キャッチのしやすさを考えると、柔らかい素材、そして大きめのものが好ましいでしょう。また、ボールへの恐怖心が強い子どもの場合は、「キャッチしたい」と思えるような、魅力的な道具を使うことも必要です。

●いろいろなタイプのボールを使う

ぼくはこれ！
やわらかい
フワ…
ビーチボール
ソフトバレーボール

●キャッチしたくなる魅力的な物

ぼくの好きなぬいぐるみ
落とさないように
はーい

いろんな軌道のキャッチにチャレンジ！

いろんな軌道で向かってくるボールのキャッチにチャレンジしてみましょう。初めは近い距離で、少しずつ距離を伸ばしていきましょう。ワンバウンドや山なりのボールなど、子どもに合わせてバリエーションを増やしていくと楽しくできます。

近く
ポーン

ボール遊び

バットでボールを打ってみよう

５歳児クラスの知的障害がある自閉症のＨくんは、野球ごっこに興味があります。ところが、何回やってもバットにボールが当たりません。ボールを打つ楽しさを味わうためには、どのような工夫をすればよいでしょうか。

対応を考えるときのヒント

- [ ] ボディイメージができていない
- [x] 体の動きに不器用さがある
- [ ] 遊びのルールを理解できない
- [ ] 感覚の鋭いところや鈍いところがある
- [ ] 考える前に行動してしまう
- [ ] 途中で集中力が途切れてしまう
- [ ] その他

※「その他」を除く６項目は、第１章の「うまく遊べない理由」（p18～31）の６項目に対応しています。

飛んでくるボールを打つのは楽しいことですが、幼児期の子どもにとっては、簡単なことではありません。しかし、道具を工夫することや、投げ手の工夫により、楽しく遊ぶことが可能になり、運動のバリエーションを広げるきっかけになります。

試してみよう ❶ 扱いやすい道具を用意する

子どもに合った道具を見つけよう

子どもが気に入りそうなバットやボールをいくつか用意しておくとよいでしょう。また、バットは握る所から当てる所までが短い方が当てやすく、ボールは大きくて柔らかいものが導入にはよいでしょう。

●バット

大きくて短めのプラスチックバット
ショートテニスラケット
ペットボトルバット
ぼくのは手作りだ

●ボール

ショートテニス用スポンジボール
ふうせん
やわらかくて当たりやすい
ビーチボール

ダイナミックなスイングを楽しもう

スイングすると音が鳴るなど、スイングしたら楽しくなるような道具を用意してみましょう。

新聞ビリビリ!

試してみよう ❷ 当たりやすいボールを打つことから

止まっているボールを打ってみる

●床の上に置く

・大きい
・やわらかい
ワンポイント
立つ場所にマットを置いてみよう

●台の上に置く

ティーバッティング用の台
トイレットペーパーのしん
ペットボトル

●上から吊るす

パンッ
サッカーボールなどを入れた網

トピックス

バッティングはかけ声に合わせて

〈投げられたボールのバッティングにチャレンジ！〉

実際に向かってくるボールを打つのは、難しいかもしれません。投げ手が子どものスイングの軌道に合わせてボールを投げ、「当たった！」という経験を増やすことがとても重要になります。そこで、ここではかけ声のリズムに合わせた方法を紹介します。

①「いち!」
投げ手
・子どもの斜め前
・「いち!」でボールを持った手を後ろに引く
子ども
・「いち!」で構える
②「にの!」
投げ手
・「にの!」でボールをトスする
・子どものスイングの軌道をねらう
ポンッ
子ども
・「にの!」でボールを見る
③「さん!」
パシーン
子ども
・「さん!」でスイングする

集団遊び

おにごっこを楽しむ

４歳児クラスの自閉症のあるＩくんは、みんながおにごっこをしているとき、いっしょに走り回ることが大好きです。しかし追いかける、おにから逃げるなどの理解は、難しい様子です。おにごっこを楽しめるようにするためにはどうしたらよいでしょうか。

対応を考えるときのヒント

- ☐ ボディイメージができていない
- ☐ 体の動きに不器用さがある
- ☑ 遊びのルールを理解できない
- ☐ 感覚の鋭いところや鈍いところがある
- ☐ 考える前に行動してしまう
- ☐ 途中で集中力が途切れてしまう
- ☑ その他（他児とのやりとりが苦手である）

※「その他」を除く６項目は、第１章の「うまく遊べない理由」（p18 ～ 31）の６項目に対応しています。

おにごっこは、おに（追いかける人）になったり、逃げる人になったりと、役割交替がある遊び。自閉症のある子どもはその遊びによって、パターンが保てないために不安になります。まずは役割が目に見えてわかりやすいしっぽ取りから始め、役割が代わる遊びの楽しさを伝えましょう。

試してみよう ❶ まずはしっぽ取りから

保育者の腰のしっぽを取らせてみよう

保育者の腰にしっぽ（タオルのような布）をはさんで、取らせてみましょう。

しっぽは、子どもが興味をもちやすいものを考えてみましょう。例えば、次のような物があります。

- テカテカしたサテン生地のような物

- フラッグフットボールの腰ベルト

- 細く切った新聞紙

CUT

1人1枚じゃなくてもいいですよ

初めは保育者が付けたしっぽ（タオル）を取ることから始めましょう。

「追いかけて取る」ことに意識が向かない子どもには、その場で「しっぽを取る」ことから始め、次第に距離をあけていくといいでしょう。

まずは一対一から
えいっ!

試してみよう ❷ 取ったり取られたりを楽しめるように

追いかけられるほうも経験する

●子どもの腰にしっぽを付けて、追いかけてみる

★逃げない子どもは
保育者と手をつないで
走って逃げよう
待て待て～

しっぽを取られたあとは、応援席に誘導する

しっぽを取られたあと、混乱してしまう子どもがいます。しっぽを取られたあとの見通しをもたせるためにも、こうした場所を事前に伝えておくとよいでしょう。

ワーッ!
＼がんばれ～／

がんばりシールを使ってみる

しっぽ取りゲームでは、取った分、シールを胸などに貼ってあげます。

えへへ…
ごほうびが
もらえると
やっぱりうれしい
ペタ

トピックス

おにごっこの工夫

〈赤白帽子を使ってチーム対抗に〉

逃げるチームは赤帽子、追いかけるチームは白帽子に分かれておにごっこをする。

〈「ストップおに」で、役割交換をわかりやすくする〉

おににタッチされるたびに、遊びをストップしておにが交代することを伝える。

〈おにごっこの範囲を長縄などでわかりやすくする〉

長縄やマット、ビニールテープなどを使って、逃げる範囲を示しておく。

topics

集団遊び

中当てのルールを理解する

５歳児クラスの知的障害のあるＪくんは、外野にいるとき、内野にいる人にボールを当てなければならないのに外野の人に当てようとしたり、内野にいるとき、外野にあるボールを取りに行ったりしてしまい、内野と外野がわからないようです。どうしたら中当てのルールを理解してもらえるでしょうか。

中当て
＊丸とか四角のコートの中にいる人（内野）を、外の人（外野）がボールで当てるゲーム。ドッジボールのミニ版です。

対応を考えるときのヒント

- ☐ ボディイメージができていない
- ☐ 体の動きに不器用さがある
- ☑ 遊びのルールを理解できない
- ☐ 感覚の鋭いところや鈍いところがある
- ☐ 考える前に行動してしまう
- ☐ 途中で集中力が途切れてしまう
- ☐ その他

※「その他」を除く６項目は、第１章の「うまく遊べない理由」（p18 〜 31）の６項目に対応しています。

中当ては、ボールをよける（取る）内野、ボールを投げる外野という２つの役割を交代しなければなりませんが、その切り替えがなかなか難しい遊びです。その理解を促すために、内野のときは帽子をかぶるなどのルールを決めてみましょう。外野のときには帽子をかぶっている友達をねらって投げるということが、わかりやすくなります。

試してみよう

内野のときは帽子をかぶってみる

まずボールを転がす爆弾ゲームから楽しんでみよう

●帽子をかぶってボールから逃げてみる

やわらかいボールを子どもの足元めがけて転がし入れます。

にげろ〜!
爆弾きたよ〜
ゴロゴロ

●帽子をかぶっている友達に外野からボールを当ててみる

内野
きた〜
外野
ゴロゴロ

ゲームに慣れたら中当てにチャレンジ

●帽子をうまく使って中当てにチャレンジしてみる

まだ当たっていないよ
ボールに当たったから帽子をはずす
よし 次は外野だ

集団遊び

相手のゴールへシュート！

４歳児クラスのADHDのあるＫくんは、サッカーごっこで自分のチームのゴールにボールを蹴り入れてしまいます。どうしたら相手チームのゴールに向かうことができるでしょうか。

対応を考えるときのヒント

- ☐ ボディイメージができていない
- ☐ 体の動きに不器用さがある
- ☐ 遊びのルールを理解できない
- ☐ 感覚の鋭いところや鈍いところがある
- ✔ 考える前に行動してしまう
- ☐ 途中で集中力が途切れてしまう
- ✔ その他（ボールだけに集中してしまう）

※「その他」を除く６項目は、第１章の「うまく遊べない理由」（p18 ～ 31）の６項目に対応しています。

４歳児のサッカーごっこは、ボールを全員で追いかける遊び方です。そのため、気になる子どもはボールだけに集中してしまい、自分のチームのゴールであっても蹴ってしまうことがあります。このような場合には、それぞれのチームのゴールをわかりやすくする、気になる子が周りをよく見るようにするといったことから始めましょう。

試してみよう ❶ ゴールと得点をわかりやすくする

コーンを使ってゴールをわかりやすくしよう

●例えば、ゴールに帽子と同じ色のコーンを置く

ゴールと得点との関係をわかりやすくしよう

ゴール付近に得点表を置き、どちらのチームに得点が入ったのかを一目でわかるようにします。

●例えば、ホワイトボードとマグネットを使う

マグネットにサッカーボールの模様をチームの色で描き、ホワイトボードに枠線と数字を書いて、得点が入るごとにマグネットを貼ります。

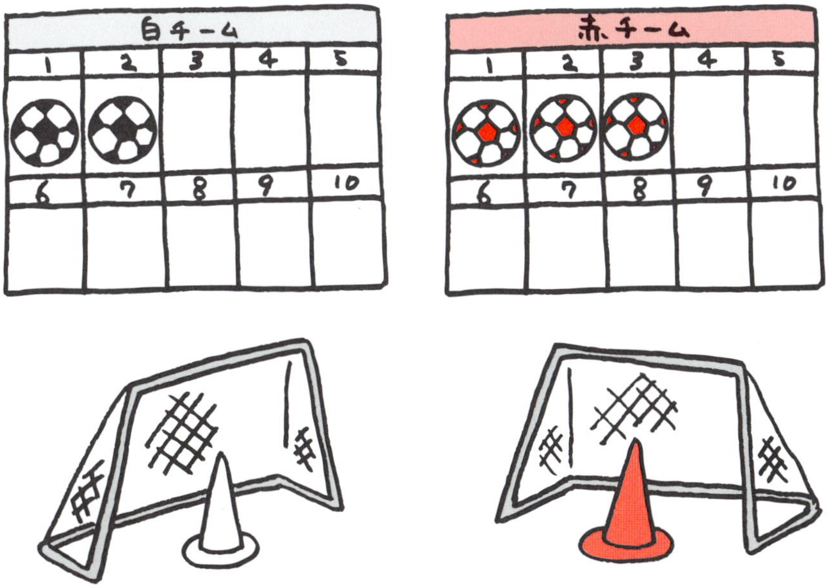

試してみよう ❷ ルール確認やチームを意識できる運動をする

ゲームの開始ごとにルールを確認する

ゲームをする直前にルールの確認をします。このとき、２つのチームを向かい合わせ、向いている方にゴールがあるようにします。

白チームが
シュートするゴール
赤チームが
シュートするゴール

他児の動きを意識するような運動をする

サッカーごっこで遊ぶときに、チームの友達を意識できるような運動を、ゲームの前に行うのもよいかもしれません。

●例えば、他児と協力して動く運動をする

ペアになり、２人のおなかにボールを挟んでコーンを回ります。子どもだけでは難しいときは、保育者とペアを組みましょう。

トピックス

最初はボールを使わずに

〈ボールを使わずにルールを覚えてみる〉

★例えば、タッチゲームなど、子どもにとってはわかりやすい遊びで、サッカーを楽しくする

攻撃は守備に捕まらないようにタッチゾーンを抜け、マーカーを1つ取ります。守備はタッチゾーンに攻撃が入ってきたらタッチして捕まえます。

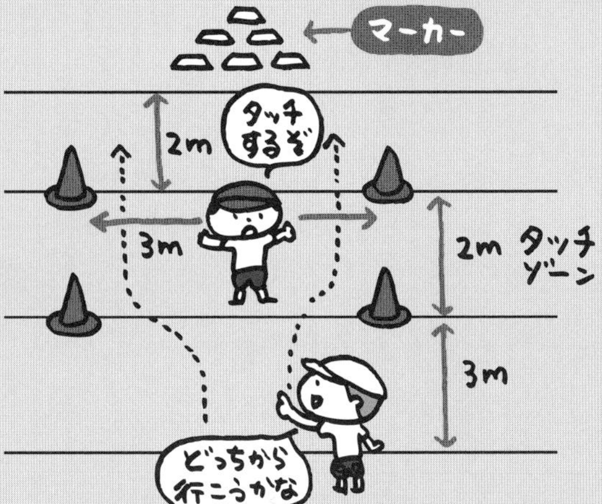

〈できたことを、子どもにわかるようにほめる〉

ルールを守ることができたときや上手に体を動かすことができたときは、しっかりとほめてあげましょう。ほめてもらうことで自信がつき、新しい場面やルールでもがんばろうという意欲が出てきます。

★例えば、よいところを見つけたらグリーンカードを提示する

出典：飯島典子・本郷一夫・平川久美子・進藤将敏・吉田栄恵・藤澤紗央里・米谷和世・碓井貞治・碓井百合（2012）「保育所におけるサッカー巡回指導に関する研究9ータッチゲームと運動発達に関する保育者評定との関連に着目して」日本発達心理学会第23回大会発表論文集，257

topics

集団遊び

みんなと楽しむサッカーごっこ

５歳児クラスの知的障害のあるＬちゃんは、ゆっくりしかボールを蹴ることができず、いつもみんなといっしょに遊べません。Ｌちゃんが、みんなといっしょにサッカーを楽しむ方法はないでしょうか。

対応を考えるときのヒント

- [ ] ボディイメージができていない
- [x] 体の動きに不器用さがある
- [x] 遊びのルールを理解できない
- [ ] 感覚の鋭いところや鈍いところがある
- [ ] 考える前に行動してしまう
- [ ] 途中で集中力が途切れてしまう
- [ ] その他

※「その他」を除く６項目は、第１章の「うまく遊べない理由」（p18 ～ 31）の６項目に対応しています。

知的に遅れのある子どもは、体を調整して動かすことや、場面に応じてどのように動くことがよいのかを判断することに難しさをもっています。そのため、ボールを思い切り蹴ってしまうことや、逆に手を使って転がっているボールを押さえてしまうことがあります。子どもの運動特性をふまえて、ルールなどを工夫してみましょう。

試してみよう ❶ まずはボールを工夫することから

数を増やしたり大きさを変えたりしてみよう

●ボールを２個使う

１人の子どもがボールを手で持ったりするなどのルール違反をしても、ボールが２個あるので、他の子どもたちも満足していっしょに遊ぶことができます。

●外に出たボールは、保育者が早めに蹴り戻す

●子どもが興味をもちやすく、蹴りやすい大きさのボールを使ってみましょう

試してみよう ❷ 活躍できる場を用意する

足で蹴る以外のことも取り入れよう

足で蹴るのが苦手でも、これなら自信があるという子どもがいるかもしれません。活躍できる活動を用意しておきましょう。

●手でボールを転がしながら移動し、コーンを回って次の子どもと交代する

●行きはがんばって足を使ってボールを転がし、
コーンにタッチしたらボールを持って戻る

トピックス

ちょっと変わったサッカー

〈王様サッカー（5歳児クラスくらいだと楽しめる）〉

1チームに1人だけ王様になれます。王様はかんむりに見立てた帽子をかぶります。王様がボールを持ったら、王様以外の子どもは5秒間止まります。その間、王様は自由にボールを蹴ることができます。

〈椅子サッカー〉

椅子に座ったままボールを蹴るサッカーです。初めに保育者がいくつか椅子を置いておき、子どもは好きな所に座ります。ゲーム中は椅子を動かしてはいけません。

topics

長縄跳びを楽しむ

４歳児クラスの知的障害のあるＭちゃんは、長縄跳びの大波小波遊びに興味はありますが、みんなと同じように縄を跳び越そうにも、縄が足に引っかかってうまくできません。どうやったら縄の跳び越しができるようになるでしょうか。

対応を考えるときのヒント

- [x] ボディイメージができていない
- [x] 体の動きに不器用さがある
- [x] 遊びのルールを理解できない
- [ ] 感覚の鋭いところや鈍いところがある
- [ ] 考える前に行動してしまう
- [ ] 途中で集中力が途切れてしまう
- [ ] その他

※「その他」を除く６項目は、第１章の「うまく遊べない理由」（p18～31）の６項目に対応しています。

長縄跳びの跳び越し動作は、

①またぎ越し

②立ち幅跳びジャンプ

③横向きジャンプ

の順に発達していくと考えられています。これらを１つずつクリアしていくことで、楽しみながら縄跳びにチャレンジさせます。

試してみよう

楽しみながら取り組む

発達段階に合わせてチャレンジしよう

●またぎ越し

　まずは静止した縄を跳び越えてみましょう。慣れてきたら、縄を細かく動かしたニョロニョロ遊びもよいでしょう。

行ったり来たり
キャッ
キャッ
ニョロニョロ

●立ち幅跳びジャンプ

　立ち幅跳びジャンプをするために、いったんしゃがむ動きを促してみましょう。後ろから体を支えて手伝ってあげるのもよいでしょう。

子どもの跳べる幅に合わせて
縄を動かしてみる

●横向きジャンプ

　行ったり来たりする縄に対して、横向きに両足でジャンプします。連続ジャンプに向けてできるだけ動く範囲が少なく、真上に高くジャンプするように促してみましょう。

ピョーッ!!
ピョーッ!!
保育者といっしょに
跳んでみるのもいいですね

道具を使った遊び

鉄棒にチャレンジ

５歳児クラスの発達性協調運動障害があるＮくんは、みんなが鉄棒でぐるぐる回っているのを見て、自分もチャレンジしようと鉄棒に跳び上がろうとしています。しかし鉄棒に跳び上がってもうまく姿勢を保つことができず、すぐに落ちてしまいます。どうしたらよいでしょうか。

対応を考えるときのヒント

- [x] ボディイメージができていない
- [x] 体の動きに不器用さがある
- [ ] 遊びのルールを理解できない
- [ ] 感覚の鋭いところや鈍いところがある
- [ ] 考える前に行動してしまう
- [ ] 途中で集中力が途切れてしまう
- [ ] その他

※「その他」を除く６項目は、第１章の「うまく遊べない理由」（p18～31）の６項目に対応しています。

鉄棒は、不器用さのある子どもにとって難しい運動です。そのため、できないことで嫌いになる子どもも少なくありません。そのような子どものなかには、頭でイメージしている動きと実際の動きが異なっている場合があります。そこでまずは、姿勢を作ることから積極的に手伝いましょう。

試してみよう

低い位置で姿勢を作ることから

人間鉄棒で“つばめ”に挑戦しよう

鉄棒でつまずく子どものなかには、つばめの姿勢でつまずく子どもがいます。棒の両端を大人が持つ人間鉄棒を使ったつばめの指導例について紹介します。

●地面に立った状態で姿勢を確認！

これがつばめか
そう、これがつばめのポーズだよ
子どもの動きに合わせて高さを変えてみる

●補助の力を借りて自分でジャンプして姿勢を作る

つばめのポーズだね
1・2・3・4
何秒できるか数えてみようか
できたら確認してあげます
できそうな高さで何度かチャレンジ！

●ついでに前回りに挑戦！

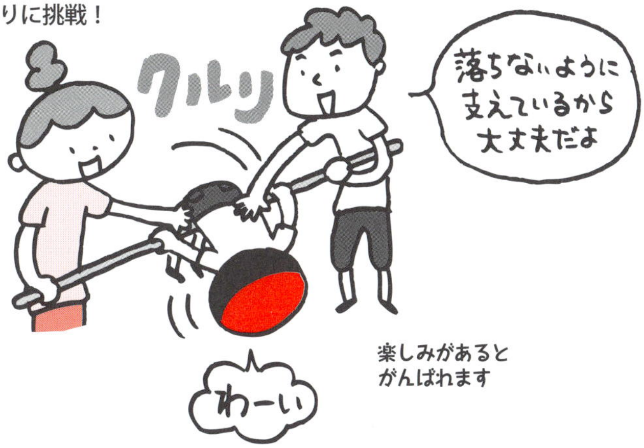
クルリ
落ちないように支えているから大丈夫だよ
楽しみがあるとがんばれます
わーい

楽しく体を動かすサーキット遊び

４歳児クラスで、子どもたちが体を楽しく動かせるように、サーキット遊びを導入したいと思っています。知的障害のある自閉症のＯくんも参加できるようにするための工夫を教えてください。

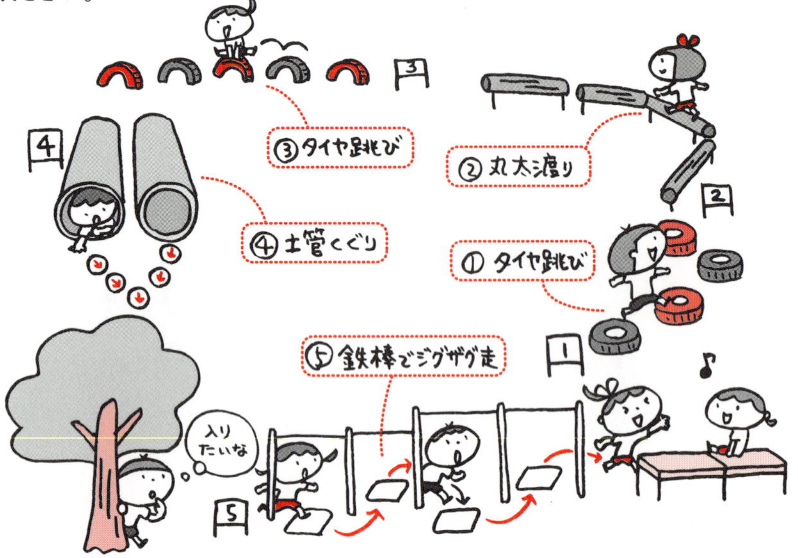
③タイヤ跳び
②丸太渡り
④土管くぐり
①タイヤ跳び
⑤鉄棒でジグザグ走
入りたいな
1
2
3
4
5

対応を考えるときのヒント

- ☐ ボディイメージができていない
- ☐ 体の動きに不器用さがある
- ☑ 遊びのルールを理解できない
- ☐ 感覚の鋭いところや鈍いところがある
- ☐ 考える前に行動してしまう
- ☐ 途中で集中力が途切れてしまう
- ☐ その他

※「その他」を除く６項目は、第１章の「うまく遊べない理由」（p18 〜 31）の６項目に対応しています。

あれやって
これやって

サーキット遊びは、ルート上にいろいろな道具を置き、その道具に合わせた課題を行うことで、さまざまな運動経験ができる活動です。特に言語理解が苦手だったり、耳からの情報より目からの情報が得意な子どもには、わかりやすいと言われています。

試してみよう 1 スタートとゴールをわかりやすくする

課題の順番をわかりやすく配置

●いつも、初めは一本橋！　終わりはマットへジャンプ！

スタート場所とゴールの場所を決めておくことで、見通しの立ちにくい子どもでも意欲的に取り組めるようになることがあります。

●課題と課題の間には小道を

フープやフットマーク、矢印マークなどを使って、次の課題に導きます。

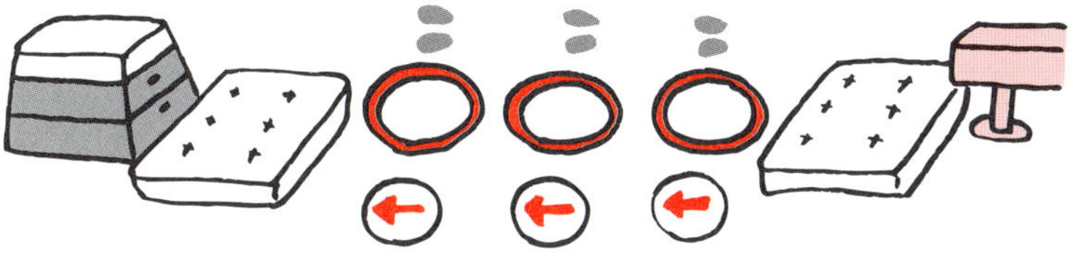

●数字がわかる子どもには……

「1」から順番に数字のボードを置くと、わかりやすい子どももいます。

試してみよう ❷ 見通しをもちやすくする

回数をわかりやすくして落ち着いて取り組ませる

見通しが立ちにくい子どもや、注意がそれやすい子どもの場合は、回数がわかると落ち着いて取り組めることがあります。

●シール貼りカード

1周したら１枚ずつ貼る

●手にゴムひも

●音楽を使う

音楽が鳴っている間は、何回でも続けられます。音楽が鳴り終わったら、１度みんな席に座ることを毎回続けていくことで、そのルールを理解することができるようになる子どももいます。

ストーリーを作ってみる

●例えば「おにを退治するよ」と言って鬼が島に行く設定に

トピックス

動きを引き出す視覚的な工夫

〈必然的に動きが引き出されるように課題を工夫する〉

言語理解の苦手な子どもに、言葉を使って説明するのは難しいことです。そのため、どうしたらねらいとする動きを必然的に引き出せるか、いろいろ工夫してみましょう。

★ジグザグ走には

タッチする絵は、手を描いたり、悪者キャラクターにしたり、子どもたちの興味に合わせましょう。

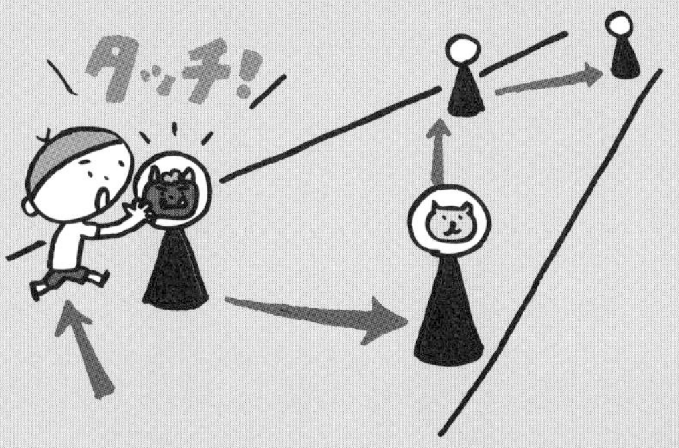

★大きくジャンプするには

着地場所（マット）を明確にしたうえで、目で見て思わず越えたくなるような設定を考えてみます。

★遠くにボールを投げるには

音などの感覚刺激を使うのもよいです。ある園では音声チップを使って、当たると「当たり〜！」と保育者の声が出るようにしたら、園の子どもたちの人気グッズに！

topics

トピックス

運動遊びの広がりは「修飾語」がポイント！

よく保育者から、「幼児期にさまざまな運動経験をさせることが必要ですが、どんな運動をさせればよいのですか？」と質問されることがあります。

確かに幼児期の子どもは、決まった動きに飽き足らず、より複雑な動きを求めるようになります。それはまるで動詞に修飾語が伴ってくるような動きです。

例えば、「歩く」ことが確実にできた子どもの多くは、「速く」歩いたり、「リズム」をつけて歩いたりします。速く歩くことの延長には「走る」という動きに、リズムよく歩くことの延長には「ギャロップ」や「スキップ」という動きが待っています。したがって、この時期の子どもには、いろいろな修飾語を足した動きを促したり、引き出したりするような環境を作ってみるのがよいでしょう。

実際の例として、子どもがリレーごっこをしているとします。ただ走るだけでは、だんだんつまらなくなったり、いつも同じ子どもだけが目立ってしまいます。そこで走る動きに、例えば、方向に関係する語を加えます。

★「ジグザグで」走る

★「後ろ向きで」走る

★「下向きで」走る

また例えば、ボール投げをしている子どもがつまらなさそうにしているようでしたら、

★「いろいろな大きさの」ボールを投げてみる

★「いろいろな方向に」ボールを投げてみる

★「いろいろなフォームで」ボールを投げてみる

こうしたいろいろな動きの経験は、多様性課題といって、運動スキルを高めるうえで有効な方法の１つと言われています。加えて、障害のある子どもにとっては、いろいろな動きの経験のなかで、１つでも得意な動きを見つけるチャンスが増えることになります。

保育者にとっては、いかに子どもの動きに修飾語を加えることができるかが重要なポイントとなります。ぜひお試しください。

topics

第3章

みんなといっしょに楽しめる
あそびとその指導

感覚あそび編

大きな音に慣れて音楽を楽しむ

自閉症のあるＡちゃんは歌が大好きです。しかし、スピーカーで音楽を流すと、驚いて逃げてしまいます。ホールでの音楽活動ではスピーカーから音楽を流すことが多いのですが、Ａちゃんにはどのように対応したらよいでしょうか。

対応を考えるときのヒント

- [ ] ボディイメージができていない
- [ ] 体の動きに不器用さがある
- [ ] 遊びのルールを理解できない
- [x] 感覚の鋭いところや鈍いところがある
- [ ] 考える前に行動してしまう
- [ ] 途中で集中力が途切れてしまう
- [ ] その他

※「その他」を除く６項目は、第１章の「うまく遊べない理由」（p18～31）の６項目に対応しています。

聴覚が敏感な子どもは、大きな音や特定の音を嫌がって活動に参加できないことがあります。スピーカーから流れる音に、子どもが慣れるような工夫を考えてみましょう。焦らず、徐々に慣れていくことが大切です。

試してみよう ❶ 予告して、まずは小さな音から

小さな音を聞くことから始めよう

ホールに入ることができるようであれば、まずはスピーカーから小さな音を流し、少しずつ音を大きくしていきます。子どものお気に入りの歌があれば、それを使うようにします。

音楽を流すことを予告しよう

突然、大きな音が鳴ると、驚いてしまう子どもがいます。音に敏感な子どもがいる場合には、音を出すことを予告します。

試してみよう ❷ ホールの近くで過ごすことから始める

少しずつスピーカーに近づいてみよう

　ホールに入りたがらないようであれば、ホールから離れた場所で保育者と過ごす、少しずつホールに近づいてホールで音楽活動をしている友達を見る、ホールの近くで活動に参加するといったように、徐々にホールやスピーカーに近づいていきます。

廊下からホールでの活動の様子を見たり、廊下で活動に参加したりする

子どもにとって苦手な音が小さくなるように

　どうしてもスピーカーの大きな音量に慣れることができないようであれば、イヤーマフ（耳当て）をつけて、その子どもには音が小さく聞こえるように工夫してみてもよいでしょう。

トピックス

無理せず音楽の楽しさを伝えよう

〈過去に嫌な経験をしたために、ホールに入れない〉

例えば、ホールで１度大きな音に驚いて逃げ出した経験があると、子どもは「ホールは嫌なことが起こる所」と思い込んでしまうことがあります。そうすると、嫌なことが起こるかもしれない場所には入りたがらなくなります。

子どもを無理にホールに入れるような関わりは逆効果です。子どもが嫌がる音に慣れるように保育者が工夫をしてみても、なかなかホールに入りたがらない背景には、このような事情があるのかもしれないと思ってください。また、そうした事情をふまえて、長い目で子どもに関わっていくようにしましょう。

〈その場所は安心できることを伝えよう〉

上の例の他にも、子どもが活動に参加したがらない場合には、過去に子どもが嫌だと感じる経験をしている場合があります。保育者は、子どもがそのような経験をしていなかったかを思い返してみてください。

子どもが嫌だと感じるような経験をしている場合は、その場所が安心できるということや、その活動の楽しさを伝えることが、まずは必要になります。

topics

音遊び

みんなといっしょに楽器演奏

Ｂくんは、保育者がそばについて「次はドを押すよ」と教えても、鍵盤ハーモニカのどこを押せばよいかわからない様子です。Ｂくんにも、楽器を演奏する楽しさを感じてもらいたいと思っています。

対応を考えるときのヒント

- [ ] ボディイメージができていない
- [ ] 体の動きに不器用さがある
- [x] 遊びのルールを理解できない
- [ ] 感覚の鋭いところや鈍いところがある
- [ ] 考える前に行動してしまう
- [ ] 途中で集中力が途切れてしまう
- [ ] その他

※「その他」を除く６項目は、第１章の「うまく遊べない理由」（p18～31）の６項目に対応しています。

楽器の使い方は、絵カードやマークなどを使って視覚的に伝えましょう。ただし、鍵盤ハーモニカは「息を吹く」「鍵盤を押す」という２つの動作を同時に行います。子どもが同時に複数の動作をこなすことが難しいようであれば、他の楽器を使って音楽活動を楽しむことから始めましょう。

試してみよう ❶ ゲーム感覚で楽しんでみる

「絵カードと同じマークを探そう」ゲームをする

楽器に赤、青、黄などの色シールや果物シールなどを貼り、楽器に貼った物と同じマークの絵カードを用意します。これらを使って、楽器に貼られたマークの中から絵カードと同じマークを探す、そのマークを押したり叩いたりして音を出すというゲーム遊びをしてみましょう。

楽器にマークを貼って、
同じマークの絵カードを用意する

保育者が出す絵カードと
同じマークを探して押す

楽器に貼ったマークを使って楽譜を作る

楽器に貼ったマークを使って楽譜を作ると、子どもは楽譜の内容が理解しやすくなります。内容がわかれば、楽譜どおりに音が出せるようになります。

試してみよう ❷ 楽器で音楽を楽しむことが大切

使う楽器を変えてみる

　前のページのような工夫をしても鍵盤ハーモニカの演奏が難しいようであれば、使う楽器を変えてみましょう。

　例えば、マラカスなど子どもが無理なく演奏できる楽器に変えて、音を出す楽しさを伝えましょう。

他の子どもたちの演奏に合わせて、自分の楽器を鳴らして体を動かすことで、音楽の楽しさを味わう

トピックス

こだわりの強い子どもには？

〈友達といっしょだと楽器を演奏できない子〉

発達障害のある子どものなかには、自分が演奏している楽器の音が聴こえないと混乱してしまう子どもや、友達のリズムに合わせて演奏することが難しい子どもがいます。子どもにイヤーマフ（耳当て）を付けて、他の子どもが出す音を気にせずに自分の演奏ができるように工夫をするのもよいでしょう。

また、子どもが友達といっしょに演奏することを強く嫌がる場合には、友達と演奏を合わせることはもう少し先の目標であると考えて、子どもたちが一斉に楽器を演奏する際には、その子どもを休ませてあげるようにしましょう。

〈間違えたら最初からやり直さないと気がすまない子〉

こだわりの強い子どものなかには、演奏を間違えたときに、最初からやり直さないと気がすまない子どもがいます。そのようなこだわりの強い子どもは、演奏を間違えたといってパニックを起こしたり、演奏することをやめてしまったりします。幼稚園や保育所での音楽活動は、音楽の楽しさを知ることが目的であるのに、これでは、子どもにとって楽しくない活動になってしまいます。

そのような場合には、１曲をいくつかのまとまりに分けてみましょう。楽譜にはまとまりごとに枠で囲ったり、線を引いたりしておくとよいでしょう。このように曲を分けておくことで、保育者も子どもも、「１つのまとまりをがんばろう」という目標をもって進められるようになります。

目標を小さくすると、保育者は「（このまとまりは）とても上手でした」とほめることができますし、そのことについて子どもも納得しやすくなります。

一方、子どもは、曲のまとまりごとに間違わずに演奏することを目標に進められるので、気持ちのうえで追い込まれずにすみます。何より、「この部分は上手にできた」という達成感をもつことができます。

topics

泥・砂遊び

触って親しむ泥遊び

Cちゃんは泥の感触が苦手で、子どもたちと泥遊びをしていても、その輪に入ろうとはしません。このまま、泥遊びに入れないままでよいものでしょうか。泥遊びの間中、園庭をふらふらしているCちゃんを見ると、これでよいのかなと不安になります。

対応を考えるときのヒント

- [ ] ボディイメージができていない
- [ ] 体の動きに不器用さがある
- [ ] 遊びのルールを理解できない
- [x] **感覚の鋭いところや鈍いところがある**
- [ ] 考える前に行動してしまう
- [ ] 途中で集中力が途切れてしまう
- [ ] その他

※「その他」を除く6項目は、第1章の「うまく遊べない理由」（p18～31）の6項目に対応しています。

触覚が敏感な子どもは、泥が体に付くことをとても嫌がることがあります。しかし、泥の感触に慣れてくると、泥を使った遊びの楽しさに気づき、遊びの輪に入れるようになります。泥の感触に少しずつ慣らし、無理のない形で泥遊びに参加させましょう。

試してみよう

少しずつ泥に親しむ

泥が付いても大丈夫であることを伝えよう

保育者の手に付けた泥を水で流し、泥が付いても水ですぐにとれる様子を見せます。そのあとに、子どもの手に少しだけ泥を付けて、すぐに水で流すことを繰り返します。

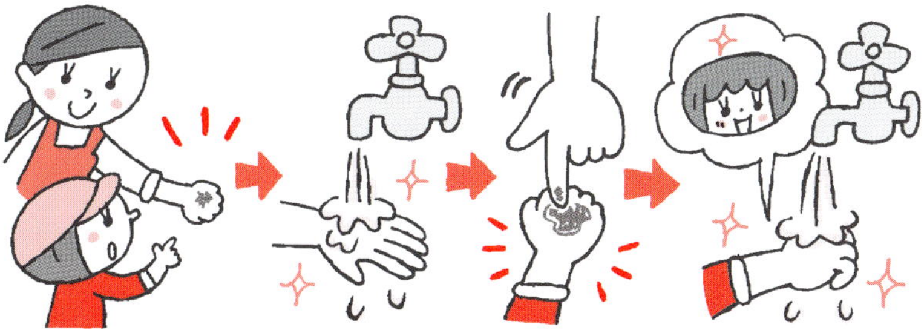

泥を手で触っていろいろな形を作る楽しさを知る

泥の中に入ることはできなくても、できる遊びはあります。泥が手に付くことに子どもが慣れてきたら、泥を手で触る遊びに誘いましょう。

●例えば、泥を物に塗ってみたり、泥で形を作ったりする遊びを提案する

泥の中に入る遊びにも誘ってみよう

子どもが泥に慣れて遊べるようになってきたら、他の子どもたちと同じように、はだしで泥の中に入っていく遊びにも誘ってみます。ただし、足の裏に感じる泥の感触になかなか慣れない子どもや、服に泥が付くとパニックになる子どもがいるので、無理はさせないようにします。

泥・砂遊び

砂場で安全に遊ぼう

自閉症のあるDくんは、砂遊びの際に手に付いた砂をなめてしまいます。保育者が注意しても、保育者が目を離したすきに口に入れています。どうしたら、砂を口に入れることをやめさせることができますか。

対応を考えるときのヒント

- ☐ ボディイメージができていない
- ☐ 体の動きに不器用さがある
- ☐ 遊びのルールを理解できない
- ☐ 感覚の鋭いところや鈍いところがある
- ☐ 考える前に行動してしまう
- ☐ 途中で集中力が途切れてしまう
- ☑ その他（知的な発達の遅れ）

※「その他」を除く６項目は、第１章の「うまく遊べない理由」（p18 ～ 31）の６項目に対応しています。

知的な発達が遅れていると、口に入れてよい物といけない物の区別がつかずに、いろいろな物を口に入れてしまうことがあります。乳児が物をまずなめてみるのと同じです。

また、砂を口の中に入れた感覚を好む子どもがいて、そのじゃりじゃりとした感覚を味わいたいために、口に入れる場合があります。

試してみよう ❶ 口に入れてはいけないことを上手に伝える

絵カードを使って伝えよう

砂を口に入れてはいけないということを伝えるためには、子どもが砂を口に入れようとしたときに、絵カードなどの子どもに伝わりやすい方法を使って、「口に入れない」と伝えていきます。

砂を口に入れないことをあとから口頭で説明しても、子どもには理解できないので、その場で絵カードを使って繰り返し伝えることが大切です。

その子ども専用の砂を用意しよう

遊びに夢中になることができれば、砂を口に入れる回数は減ります。他の子どもたちが周りを歩き回っているような場所では、子どもが自分の遊びに集中できないことがあります。自分の遊びに集中できるように、その子どもだけが使える砂を、少量でよいので取り分けて、専用の場を作ってみましょう。

試してみよう ❷ 夢中になれる砂遊びの方法を伝える

モデルを示しながら伝えよう

保育者がモデルを示しながら、子どもが夢中になれる砂遊びの方法を探します。

●砂を上からサラサラと落とす

●砂を自分の手や物の上に落とす

●砂で山を作る

●砂をいろいろな容器に入れて、型抜きをする

トピックス

道具を使って砂遊びを楽しむ

発達障害のある子どもは、足の裏についた砂を嫌がることがあります。一方で、砂を手でつかんだり、さらさらと落としたりする遊びを好んで行う子どもが多くいます。砂の楽しさを知った子どもを、いろいろな砂遊びに誘ってみましょう。

〈透明の筒を用意して、その中に砂を入れる〉

透明の筒に砂を入れると、砂が積み上がっていく様子が目に見えるので、子どもが砂を容器に入れるという遊びを楽しみやすくなります。筒を取ったときに残る形も、楽しみの1つになります。

〈道具を使って穴掘りや山作りをする〉

スコップやお椀などの道具を使って、穴を掘ったり、山を作ったりする遊びにも誘ってみましょう。道具を使えるようになると、砂遊びの幅がさらに広がります。

topics

泥・砂遊び

砂を投げてもよい場所で遊ぶ

自閉症のあるＥくんは、砂を投げて遊ぶのが大好きです。しかし、周りの子どもに砂がかかってトラブルになることがしばしばあります。だからと言って、Ｅくんが夢中になっている遊びを止めるのもかわいそうです。

対応を考えるときのヒント

- ☐ ボディイメージができていない
- ☐ 体の動きに不器用さがある
- ✔ 遊びのルールを理解できない
- ☐ 感覚の鋭いところや鈍いところがある
- ☐ 考える前に行動してしまう
- ☐ 途中で集中力が途切れてしまう
- ☐ その他

※「その他」を除く６項目は、第１章の「うまく遊べない理由」（p18～31）の６項目に対応しています。

他の子どもに配慮した行動をとることが苦手なので、悪気はないのだけれど、投げた砂が他の子どもにかかっていても、気がつかないことがあります。砂を投げないというルールを作ると、本人の楽しみを奪うことになるので、子どもが他の子どもに砂をかけることなく、この遊びを続けられるようなルールを考えてみましょう。

試してみよう

目で見てわかるルールを作る

砂を投げてもよい場所を作ろう

他の子どもたちが遊んでいる所から少し離れた所に、砂を投げてもよい場所を作ります。他の子どもたちにも、その場所は砂を投げてもよい所なので、その近くにいると砂がかかることを伝えておきます。砂を投げる場所は、視覚的にわかるように、フラフープなどの目印を置いておきます。

決まった場所で砂を投げるルールを伝えよう

保育者が目印に向かって砂を投げる様子を、子どもに見せます。そのときに、もう１人の保育者が〇印の絵カードを出すと、「この場所に投げるのはよい」というメッセージがより伝わりやすくなります。一方で、他の子どもに向かって砂を投げたときには×印の絵カードを提示して、「友達に砂をかけてはいけない」ことを伝えます。砂を投げるルールが理解できると、子どもは、そのルールに従って遊ぶことができるようになります。

ぬれない工夫で楽しい水遊び

Ｆちゃんは、水遊びが大好きです。園庭で遊ぶときには、いつも砂場の近くにある水道で水遊びをしています。しかし、水遊びに夢中になりすぎて自分の服をぬらすことがよくあり、そのたびに大泣きをします。どうしたら最後まで笑顔で遊べるでしょうか。

対応を考えるときのヒント

- [ ] ボディイメージができていない
- [ ] 体の動きに不器用さがある
- [ ] 遊びのルールを理解できない
- [x] **感覚の鋭いところや鈍いところがある**
- [ ] 考える前に行動してしまう
- [ ] 途中で集中力が途切れてしまう
- [x] **その他（先の見通しが持てない）**

※「その他」を除く６項目は、第１章の「うまく遊べない理由」（p18～31）の６項目に対応しています。

水遊びは好きでも、自分の服がぬれる感覚を嫌がる子どもがいます。また、自分の服がぬれるかもしれないと予測することができないこと、服がぬれたときの対処の仕方がわからないことなどから、パニックを起こしてしまう子どもがいます。水遊びの前に、服がぬれない工夫をするとともに、水遊びの手順を絵カードなどの方法を使って示すようにしましょう。

試してみよう

ぬれない準備と遊び方を伝える

ルールを決め、水遊びのモデルを見せよう

服がぬれることを極端に嫌がる子どもの場合は、レインコートを着せてもよいでしょう。また、水遊びをするときには、服の袖をまくる、長靴を履くなどのルールを決めます。

水道の蛇口から出る水で遊ぶと、水たまりに足をふみ入れたり、蛇口から勢いよく出た水がかかったりするために、服がぬれやすくなります。バケツにためた水やじょうろを使うなど、保育者がモデルを見せながら、ぬれにくい水遊びの仕方を伝えましょう。

遊びの前に、絵カードを使って着替えの手順を伝えよう

「服がぬれる」「服を脱ぐ」「着替える」などの絵カードを子どもに見せながら、服がぬれてしまったときの着替えの手順を伝えます。水遊びのあとに服がぬれて子どもが泣き出したときにも、絵カードを見せると、子どもが次の行動に移りやすくなります。

水遊び

みんなといっしょにプール遊び

Ｇくんは、園庭で水遊びをすることが好きです。しかし、プール遊びになると、嫌がって水着に着替えようともしません。プールの時間は、いつも少し離れた所から、友達がプール遊びをしている姿を見ています。Ｇくんにも、みんなといっしょにプール遊びを楽しんでもらいたいと思います。

対応を考えるときのヒント

- ☐ ボディイメージができていない
- ☐ 体の動きに不器用さがある
- ☐ 遊びのルールを理解できない
- ✔ **感覚の鋭いところや鈍いところがある**
- ☐ 考える前に行動してしまう
- ☐ 途中で集中力が途切れてしまう
- ☐ その他

※「その他」を除く６項目は、第１章の「うまく遊べない理由」（p18～31）の６項目に対応しています。

感覚過敏のために、ざわざわした雰囲気が苦手な子どもがいます。このような子どもにとって、他の子どもたちがはしゃいでいるプールの中に入っていくのは、とてもつらいことです。また、水が顔にかかったり体がぬれたりすることを極端に嫌がる子どももいます。その子どもなりにプール遊びに参加する方法を考えていきましょう。

試してみよう

少しずつ慣らしていく工夫をする

1人用の小さなプールを用意してみよう

他の子どもたちと同じプールに入るのではなく、他の子どもたちが入っているプールの近くに、たらいや小さいビニールプールを置いて水を入れます。こうすることで、小さいプールの方に入って水の感触を楽しんだり、水を使って遊んだりできるようになる子どもがいます。

ぬれることを嫌がる場合は徐々に慣らそう

体がぬれることや顔に水がかかることを極端に嫌がる場合には、プールの中に入ることを無理強いせず、プールの脇で水遊びをすることから始めます。水鉄砲などで保育者と遊ぶことを通して、徐々に体や顔に水がかかることに慣らしていくとよいです。

プール遊びがあることを日課表で示そう

毎日の活動には参加することができても、いつもと異なった活動や初めての活動に戸惑ったり不安になったりして、結果としてプール遊びに参加できていないことも考えられます。日課を示した絵カードを使って「プールに入る」ということを事前に伝えておくようにしましょう。

工作・描画活動

折り紙って楽しいな

Ｈくんは、保育者が折り方を教えても、折り紙の手順を理解できないようです。他の子どもたちが折り紙に夢中になっている間、つまらなさそうに他の子の様子を見ていたり、ふらふらと歩き回ったりしています。Ｈくんには折り紙は無理なのでしょうか。

対応を考えるときのヒント

- □ ボディイメージができていない
- □ 体の動きに不器用さがある
- □ 遊びのルールを理解できない
- □ 感覚の鋭いところや鈍いところがある
- □ 考える前に行動してしまう
- □ 途中で集中力が途切れてしまう
- ☑ その他（保育者の言葉の理解や模倣ができない）

※「その他」を除く６項目は、第１章の「うまく遊べない理由」（p18～31）の６項目に対応しています。

言葉で説明したり、保育者が手本を示したりするだけでは、紙の折り方がうまく伝わらない場合は、紙を折り合わせる場所に印を付けるなどの工夫をしてみましょう。また、形を完成させることよりも、上手に折れたことや紙を折ると形が変わることを子どもといっしょに喜ぶようにしましょう。

試してみよう

目で見える印を付けて折ってみる

折り紙に目印を付けよう

紙を折り合わせる角の部分に○印を付けたり、折り目に線を描いたりすることで、どことどこを合わせればよいかなどが、目で見てわかりやすくなります。

子どもの「できた」を増やそう

完成した形を思い浮かべながらそれに近づくように折るという作業は、他の子どもでもなかなか難しいことです。まずは、折る過程でできる形を子どもといっしょに楽しみ、折り目が多少ずれていても、上手に折れたことをほめます。

工作・描画活動

コツを知って楽しく製作

アスペルガー障害のあるＩくんは、紙をはさみで思いどおりの形に切ったり、セロハンテープを切り取ったりすることがうまくできず、「できない」と途中でやめてしまったり、保育者に「作って」と頼んできたりします。Ｉくんにも、作る過程を楽しんでほしいです。

対応を考えるときのヒント

- [x] ボディイメージができていない
- [x] 体の動きに不器用さがある
- [ ] 遊びのルールを理解できない
- [ ] 感覚の鋭いところや鈍いところがある
- [ ] 考える前に行動してしまう
- [ ] 途中で集中力が途切れてしまう
- [ ] その他

※「その他」を除く６項目は、第１章の「うまく遊べない理由」（p18 ～ 31）の６項目に対応しています。

発達障害のある子どもは、手先が不器用である場合があります。そのために、セロハンテープを切る、はさみで思いどおりの形に切り取るなどのことが苦手で、工作を楽しめないことがあります。道具を使うコツや、思いどおりの形を作る手立てを伝えて、子どもが苦手意識をもたないようにする工夫が必要です。

試してみよう 1 セロハンテープに挑戦！

セロハンテープを上手に切る方法を伝えよう

どこに手を置いて、どの方向にテープを引いたら上手に切れるのかを、絵カードで示します。また、切る長さを決めておきます。

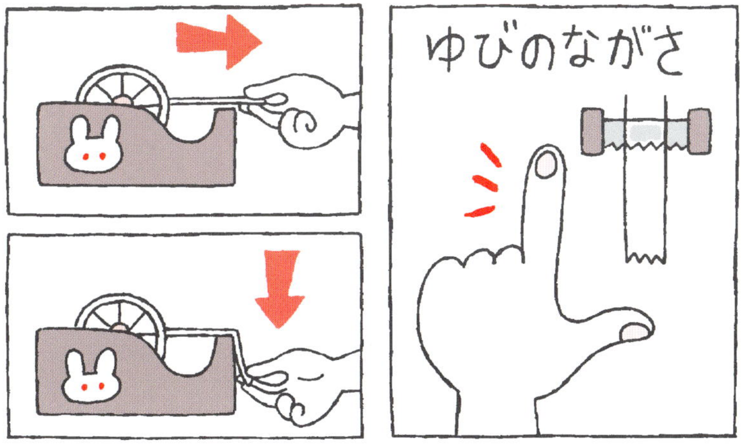

最初のうちは保育者が少しだけ手伝う

例えば、保育者が紙などを持って、子どもが両手でセロハンテープを貼れるようにします。このとき、保育者が「上手です」とほめることで、子どもに「できる」というイメージをもたせるようにしましょう。

試してみよう❷ はさみに挑戦！

はさみで切り取る形を紙に描こう

　紙を持つ左手と、はさみを持つ右手を同時に細かく動かしながら、自分の思い描く形に紙を切るということが苦手な子どもがいます。まずは、切り取る形を紙に描いておき、その線に沿って切り取ることをやってみます。線は太く描きましょう。

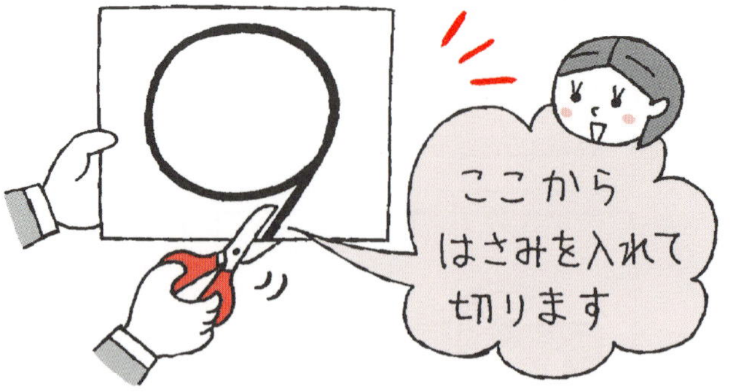
ここから
はさみを入れて
切ります

まっすぐ切るところから始めよう

　紙に円形を描き、その外側を四角で囲みます。子どもにはまず、この四角の線にそって紙を切ることを促します。そこから、少しずつ角を落としていくようにすることで、円形に紙を切り取ることができます。

きれいに
切れたね
チョキ
上手に丸く
切れたね
チョキ

トピックス

発達障害のある子どもが楽しめる活動

〈ちぎり絵〉

発達障害のある子どものなかには、紙をビリビリと破る感覚を好む子どもがいます。いろいろな紙をちぎって、それを貼って絵にする活動であれば、楽しんで参加できる子どもがいます。

〈新聞紙を使って形作り〉

新聞紙を破る感覚を好む子どもは多く見られます。また、ちぎった新聞紙であればやわらかいので、握力の小さい子どもでも簡単に球状の形を作ることができます。

新聞紙を破って海や川を作る、破った新聞紙を丸めてセロハンテープでぐるぐる巻いてボールを作る、新聞紙を筒状に丸めてゴルフクラブを作る、作ったボールとゴルフクラブで遊ぶなど、新聞紙を使った工作活動を考えてみましょう。

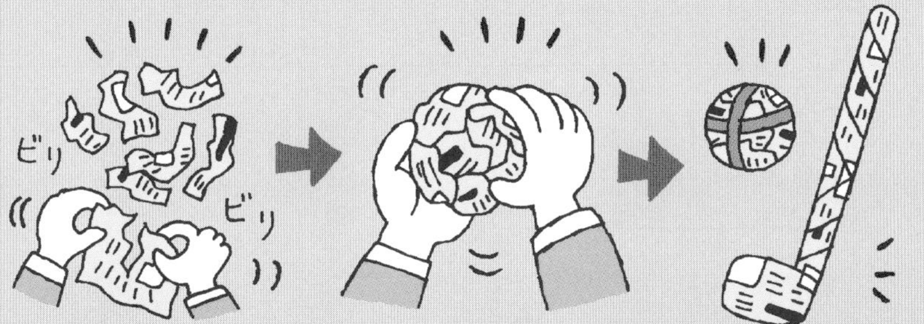

〈いろいろな素材を組み立てる〉

１枚の紙を切って巻いて形を作ることよりも、すでに形になっている素材を組み立てて思いどおりの形を作ることの方が簡単にできます。牛乳パックやサランラップの芯などを組み立てて形を作ることを通して、物を作る楽しさを伝えましょう。

topics

工作・描画活動

テーマのある絵を描く

アスペルガー障害のあるＪちゃんは、絵を描くことが大好きです。しかし、テーマを与えると、描けないと泣いたり、隣の子どもの絵を見て、それをまねて描いたりすることがあります。絵を描くことが好きなＪちゃんが、どうして描けなくなってしまうのでしょうか。

対応を考えるときのヒント

- [ ] ボディイメージができていない
- [ ] 体の動きに不器用さがある
- [ ] 遊びのルールを理解できない
- [ ] 感覚の鋭いところや鈍いところがある
- [ ] 考える前に行動してしまう
- [ ] 途中で集中力が途切れてしまう
- [x] その他（認知の障害、想像力の欠如）

※「その他」を除く６項目は、第１章の「うまく遊べない理由」（p18～31）の６項目に対応しています。

物の一部分は細かく覚えていても全体像の記憶はあいまいであったり、自分の周りの人に意識が向きにくかったり、想像を膨らませることが苦手であったりするために、物や人を絵に描こうとしてもうまくいかない子どもがいます。子どもと描く内容をいっしょに考え、他の子どもの絵や絵本などをモデルにすることで、イメージしやすくなります。

試してみよう

描きたいテーマのイメージを膨らませる工夫

子どもが描きたいと思う題材をいっしょに探そう

描く前に、描くテーマについていっしょに思い出したり、そのテーマについて話をしたりします。テーマを与えられて混乱した子どもも、保育者と話をすることで落ち着き、描きたい題材が見つかることがあります。

どうしても描けないときには見本を示す

描きたい物がどうしても描けないときには、見本を示してみましょう。他の子どもはどのように描いているかをいっしょに見て回ってもいいですし、対象物が載っている本をいっしょに見てもいいでしょう。

絵を描きたがらない子

〈発達障害のある子どもが絵を描きたがらないのはなぜ？〉

発達障害のある子どものなかには、絵を描きたがらない子どもがいます。これにはいくつかの理由が考えられます。

①細かい所は覚えているけれど、全体を覚えていないから描けない

発達障害のある子どもは、例えば、自動車のハンドル回りにだけ注意が向くといったように、事物への注意の向け方に偏りがあることがあります。そのため、事物の全体像を頭の中にイメージすることができず、描こうとしても描けないということが起こります。「車を描こう」と声をかけて描けないようであれば、車のハンドルやタイヤなど、細かい部分を挙げて、描けそうな所から描くことを促したり、見本を見せたりしてみましょう。

②人物画が描けない

発達障害のある子どものなかには、人物画を描くことを苦手とする子どもがいます。この背景には、自分の周りにいる人に意識が向きにくいこと、人の表情を読み取る力が弱いことなどがあると考えられます。人物を描こうという意欲が高まりにくく、描こうとしてもうまくイメージが思い浮かばないことから、人物画を描けないということが起こるというわけです。自分や身近な人であれば描ける場合があるので、まずはそうした人物を描くことを勧めてみます。

③色が手に付くのが苦手

絵の具やクレヨンが手や服に付いて嫌な思いをした経験があると、次に絵を描くときにそうした嫌な思いがよみがえり、描くことを嫌がることがあります。そのような場合には、手に付かないような色鉛筆を使うなどの工夫が必要です。

④保育者の言葉にとらわれてしまい、描けない

「かわいいかめさんを描こう」と言ったら、「かめはかわいくない。かわいいかめは描けない」と悩んでしまうというように、アスペルガー障害やその傾向のある子どもは、保育者の言葉にとらわれてしまって描けなくなることがあります。

トピックス

気になる子ならではのこだわり

〈色へのこだわり〉

線画を描いた後に色を塗ることをしない子どもがいます。また、決まった色だけを使って絵を描く子どももいます。この理由として、まずは発達障害のある子どもが、色にこだわりをもっていることが考えられます。色にこだわりをもっているため、自分の好きな色だけを使って絵を描くことがあるのです。

逆に、好きな色のクレヨンや色鉛筆が減るのが嫌で、減ってもよい色ばかりを使っていることもあります。また、色にこだわりがあるわけではなく、どの色を使えばよいのかがわからないので、１色だけを使っている子どももいます。

「空を青で塗っていないからおかしい」「茶色や黒色しか使っていないからおかしい」といった見方をしないでください。子どもが絵を描くことを楽しんでいる様子であれば、単色しか使っていなくても子どもなりの表現を認めて、「上手に描けたね」「すてきです」とほめてあげましょう。

どの色を塗ればよいかわからない、あるいは、絵を描くこと自体が難しいという子どもは、見本どおりに描いたり色を塗ったりするほうが、楽しんで活動に参加できることがあります。発達障害のある子どもが絵を描けず、他の子どもたちが絵を描いている間、何もせずにいることがあります。そのような場合には、自由に描くことばかりを求めるのではなく、見本どおりに色を塗るなど、子どもが楽しめる活動に誘ってみてもよいのではないでしょうか。

topics

工作・描画活動

集中して楽しくお絵描き

ADHDの傾向のあるKくんは、絵を描く手が途中で止まって他の子どもの様子を見ていたり、他の子どもの絵が気になって席を立ち歩いたりするので、人一倍時間がかかります。保育者が「おしまい」と声をかけると「まだできていない」と大泣きします。

対応を考えるときのヒント

- ☐ ボディイメージができていない
- ☐ 体の動きに不器用さがある
- ☐ 遊びのルールを理解できない
- ☐ 感覚の鋭いところや鈍いところがある
- ☐ 考える前に行動してしまう
- ✔ 途中で集中力が途切れてしまう
- ☐ その他

※「その他」を除く6項目は、第1章の「うまく遊べない理由」（p18～31）の6項目に対応しています。

ADHDのある子どもは、何を描こうかと考えている最中も、絵を描き始めてからも、他のことが気になったり、興味の対象が別の物や人に移ったりして、なかなか自分の作業に集中できないことがあります。子どもが集中して絵を描ける環境を作ることが必要です。

試してみよう 1 集中して描ける環境を作る

子どもが落ち着いて絵を描ける場所を選ぼう

子どもの気が散らないように、周りの子どもが目に入りにくい場所に子どもを座らせます。

例えば、壁側を向いて座る、窓側に向いて座るなどの方法があります。窓側に向いて座る場合は、カーテンを閉めておくなどすると、注意が他にそれにくくなります。

落ち着いて絵を描くグループの中に入れよう

１人だけ席を別にすることが難しい場合は、複数のグループを作り、グループごとにテーブルを分けて座らせます。その際、ADHD のある子どもは、落ち着いて絵を描く子どもたちのグループに入れるようにします。

それでも、隣の子どもの描く絵を見たり、隣の子どもに話しかけたりしてしまう場合は、隣の子どもとの間に仕切り板を置いてもよいでしょう。

試してみよう ② タイミングよく声をかけると効果的

絵について子どもと話をする

ADHD のある子どもは、絵を描くことを含めて１つの作業への集中力が途切れやすい傾向があります。その集中力が途切れたときに、気になった物や人に気が向いてふらふらと歩き回ったり、ぼーっとしていたりすることになります。

子どもの手が止まったときに声をかけ、子どもが描いた絵について話をしたり、これから描こうと思うものについて相談をしたりすると、子どもの描きたい気持ちが再び高まります。

子どもの絵をほめ、絵の世界を楽しもう

絵を描くことを楽しんでいると、集中力が途切れにくくなります。保育者は時々子どもに声をかけ、子どもの絵をほめて、絵を描く楽しさをもち続けられるようにしましょう。

ただし、子どもが絵を描くことに集中できている時は、声をかけることを控えましょう。保育者が声をかけたことで、子どもの集中力が途切れて、興味が他へ移るきっかけになってしまうことがあるためです。

トピックス

絵を描くことの大切さ

〈絵を描く目的がある場合は、それを伝える〉

例えば、運動会の思い出を絵にして教室に貼る、子どもたちの絵を行事に使う、子どもの絵を保護者に贈るなど、絵を描くことそのものだけでなく、他に目的がある場合があります。ADHDのある子どもは、保育者が事前にそうした目的を伝えていても、聞きもらしていることがあります。

教室に貼る、行事に使う、保護者に贈るなどの目的を知れば、子どものやる気が高まりやすくなります。ADHDのある子どもに向けて、あらためて絵を描く目的を伝えるようにしましょう。

〈絵を描くことは手や指先を使う練習になる〉

発達障害のある子どもは、手や指先を自分の思いどおりに動かすことが苦手であるために、不器用さが目立つことがあります。力の入れ加減や手の動きをうまく調節できないので、絵を描いても力を入れすぎてクレヨンを折ってしまう、線をうまくつなげられない、丸を描こうとしても角ばってしまうなどの様子が見られます。

しかし、絵を描いたり、色を塗ったりする作業そのものが、子どもにとって力の入れ加減や手の動きを調節する練習になります。工作等についても同じことが言えます。子どもたちが楽しみながらこれらの活動に参加できるような支援を行っていくことには、そういった意味でも意義があるのです。

topics

絵本に関心を示す工夫

自閉傾向のあるＬちゃんは、保育者が絵本を読み聞かせても関心を示しません。Ｌちゃんが絵本の読み聞かせを楽しめるような工夫はありますか。

対応を考えるときのヒント

- ☐ ボディイメージができていない
- ☐ 体の動きに不器用さがある
- ☐ 遊びのルールを理解できない
- ☐ 感覚の鋭いところや鈍いところがある
- ☐ 考える前に行動してしまう
- ☐ 途中で集中力が途切れてしまう
- ✔ その他（絵本の内容が理解できない）

※「その他」を除く６項目は、第１章の「うまく遊べない理由」（p18 ～ 31）の６項目に対応しています。

自閉症のある子どもは、絵本に出てくる言葉の意味が理解できなかったり、ストーリーを難しいと感じたりすることがあります。そのような場合には、保育者が絵本を読み聞かせようとしても、絵本を読み終わるまで集中力がもたずに、他の活動に移ってしまったりします。絵本の選び方や読み方に工夫をする必要があります。

試してみよう 1 絵本の選び方を工夫する

保育者は、子どもが何に興味や関心をもっているか、絵本に出てくる言葉やストーリーをどの程度理解できるかを考えながら、絵本の選び方や読み方に工夫をしていきましょう。

子どもの好きな物や日常的なことが出てくる絵本を選ぼう

絵本に興味をもってもらうために、子どもの好きな物(乗り物や動物など)が登場する絵本や、子どもが生活のなかでよく経験をしている内容(散歩や砂遊びなど)が出てくる絵本を選びます。

絵や一語文が多い絵本を選ぼう

絵本に出てくる言葉の意味やストーリーの内容が理解できない子どもがいるので、絵の多い絵本や、「おはよう」「こんにちは」「さようなら」のような一語文が多く出てくる絵本、ストーリーが単純でわかりやすい絵本などを選びます。

試してみよう❷ 繰り返しを楽しむ

同じフレーズやパターンを繰り返すような絵本を選ぼう

短くてわかりやすいフレーズが繰り返し出てきて、保育者がリズミカルに読めるような絵本を選びます。また、『３びきのこぶた』や『大きなかぶ』のように、同じフレーズだけでなく同じパターンが繰り返される内容であると、子どもが先の展開を楽しむようになることがあります。

トピックス

ペープサートや歌の工夫

〈子どもが絵本に関心を向けられるような働きかけを〉

動きのある物やメロディー、繰り返しのフレーズなどに関心を向ける子どもがいるので、登場人物をペープサートにして動かす、読み聞かせの前に歌をうたうなどの工夫をするとよいでしょう。

★登場人物をペープサートにして動かす

★読み聞かせの前に歌をうたう

始まるよ～ 始まるよ ～♪
始まるよったら
始まるよ～♪
おつきさま

topics

絵本の読み聞かせ

落ち着いて聞ける環境

ADHD のあるMくんは、絵本を読み聞かせている最中に声を出したり、絵本をのぞきこんだり、ふらふらと立ち歩いたりしてしまいます。Mくんが落ち着いて聞くことのできる工夫はあるでしょうか。

対応を考えるときのヒント

- ☐ ボディイメージができていない
- ☐ 体の動きに不器用さがある
- ✔ 遊びのルールを理解できない
- ☐ 感覚の鋭いところや鈍いところがある
- ☐ 考える前に行動してしまう
- ✔ 途中で集中力が途切れてしまう
- ☐ その他

※「その他」を除く６項目は、第１章の「うまく遊べない理由」（p18 〜 31）の６項目に対応しています。

ADHD のある子どものなかには、読み聞かせをしている場面でのルールを理解できなかったり、集中力が続かなかったりする子どもがいます。そのため、保育者が絵本を読み聞かせている最中に声を出したり、他のことに気を取られて立ち歩いてしまったりすることになります。

試してみよう

ルールを伝え、集中できる工夫をする

読み聞かせに必要なルールを伝えよう

保育者が絵本を読んでいるときは、「声を出しません」などのルールを絵カードや文字に示しておき、読み聞かせの最中に子どもが声を出したら、そのカードを見せるようにします。

子どもが集中できる環境を作ろう

できるだけ子どもの興味、関心をひくものは見えないようにし、壁を背にして読み聞かせをします。

保育者の近くや前列に座らせる

目の前の絵本に子どもが集中できるように、絵本が見えやすく、他の子どもたちが視界に入らない場所（保育者の目の前など）に座らせましょう。

監修者◆徳田克己（とくだ・かつみ）

筑波大学医学医療系教授。教育学博士、臨床心理士、専門は子ども支援。全国の幼稚園、保育所などを巡回して、保育者や保護者を対象とした気になる子どもの相談活動を行っている。「具体的な対応がわかる気になる子の保育」（チャイルド本社）、「育児の教科書クレヨンしんちゃん」（福村出版）、「親を惑わす専門家の言葉」（中央公論新社）など、著書多数。

編著者◆西館有沙（富山大学人間発達科学部）
◆澤江幸則（筑波大学体育系）

執筆者◆安心院朗子（目白大学保健医療学部）
◆飯島典子（聖和学園短期大学保育学科）
◆大越和美（子ども支援研究所）
◆鈴木葉子（こころとことばの教室「こっこ」相談支援専門員）
◆仲本美央（淑徳大学社会福祉学部）
◆西村実穂（東洋大学ライフデザイン学部）
◆深澤純子（フリーダンス指導者）
◆藤井彩乃（東京都立町田の丘学園）
◆水野智美（筑波大学医学医療系）
◆村上祐介（筑波大学大学院）
◆吉岡尚美（東海大学体育学部）

表紙イラスト◆くすはら順子
本文イラスト◆北村友紀、坂本直子、中小路ムツヨ
表紙カバー・本文デザイン◆竹内玲子
本文校正◆有限会社くすのき舎
編集協力◆東條美香
編集担当◆石山哲郎

気になる子の保育のための
運動あそび・感覚あそび
――その具体的な指導法――

2013 年 7 月　初版第 1 刷発行
監修者　　徳田克己　
発行人　　浅香俊二
発行所　　株式会社チャイルド本社
〒 112 - 8512　東京都文京区小石川 5 - 24 - 21
電話　03-3813-2141（営業）　03-3813-9445（編集）
振替　00100-4-38410
印刷・製本所　図書印刷株式会社
ISBN　978 -4-8054 -0217 -7
NDC376　24 × 19cm　128P　　Printed in Japan